四书五经名句赏析

张芳梅·编著

陕西新华出版传媒集团
三秦出版社

图书在版编目（CIP）数据

四书五经名句赏析 / 张芳梅编著. --西安：三秦出版社，2017.9（2018.3重印）

（中华经典国学口袋书 / 徐喜平主编）

ISBN 978-7-5518-1578-9

Ⅰ. ①四… Ⅱ. ①张… Ⅲ. ①四书－名句－鉴赏 ②五经－名句－鉴赏 Ⅳ. ①B222.1 ②Z126.1

中国版本图书馆CIP数据核字（2017）第193154号

出 品 人　支旭仲
项目策划　匡俊英　白忠平
责　　编　何飞燕
封面设计　陈　非
版式设计　高东海
内文排版　白英华

出版发行　陕西新华出版传媒集团　三秦出版社
地　　址　西安市北大街147号
电　　话　（029）87205121
网　　址　http: / / www.sqcbs.cn

规　　格　720mm × 910mm　1/32
　　　　　印张7　彩插7　字数67千字
印　　刷　西安新华印务有限公司（独家承印）
版　　次　2017年9月第1版　　2018年3月第2次印刷
标准书号　ISBN 978-7-5518-1578-9
定　　价　18.00元

出版说明

中华文明源远流长，上下五千年，圣贤相继，英才辈出，他们殚精竭虑、呕心沥血，为后人留下了一部部经典作品。这些“经典”如同金砖玉瓦，构建成了一座金碧辉煌的殿堂，我们称之为“国学”。其内容宏富，博大精深，可谓是中华思想文明的浓缩，中国传统文化的精髓，是先贤遗留下的宝贵精神财富，值得好好传承和大力弘扬。越来越多的人们认识到其价值，读国学、诵经典的热潮正在蓬勃兴起，既有数字阅读的风生水起，更有坚守或者回归传统纸质阅读的蔚然成风。

读纸质书，无疑有着其他阅读方式所无法比拟的独特体验，一册在手，可以边读边做批注、写札记、勾画重点，也可以掩卷深思，细细品读。这种探究式阅读方式，有利于人们学习知识、启迪智慧、提升修养、提高境界，也有利于培养孩子们安静学习、锤炼思想、闻着书香做学问的良好习惯。

为了倡导全民阅读，特别是推进纸质阅读，营造爱书、品书氛围，同时考虑到当下人们的生活日趋丰富多彩且节奏加快，闲暇时间越来越碎片化，读书时间相对减少，我们从浩如烟海的国学经典中精心遴选了80部，并对书的内容作了适度精简，编辑出版了“中华经典国学口袋书”系列丛书，希望吸引更多的人回归传统阅读，重视国学经典。“口袋书”，顾名思义就是可以放在口袋里的书籍，其目的就是为读者奉献易于携带、便于翻阅、开卷有益的精神食粮。使他们于居家出行、茶余饭后，随时信手展读，含英咀华，增知怡情。

本丛书涵盖了经史子集、诗词曲赋、笔记信札、经典名句赏析，可谓贯通古今、包罗万象，能够最大限度满足各层面读者的阅读需求。书中既有对照古籍原文的“白话文”，又有介绍典故出处、时代背景、人物事迹等辅助阅读的“注释”，还配以帮助读者理解和提高的“赏析”。使对国学造诣程度各异的读者都可以做到读通、读懂，真正做到了老少皆宜、雅俗共赏。

这套书不仅在内容上编排严谨、注解精当；在外观上也充分彰显书籍之美，版式新颖，设计考究、印装精美，必定会成为您工作生活中的良师益友，带给您全新的阅读感受。

前 言

"四书"指《论语》《孟子》《大学》《中庸》，"五经"指《诗经》《尚书》《礼记》《易经》《春秋》。"五经"的名称，定型于汉武帝时代。"四书"的名称，始于南宋，著名的理学家朱熹从《礼记》中抽出了《大学》和《中庸》两篇，与《论语》《孟子》合编为"四书"。明清以后，"四书五经"作为基本教材，成为士子科举的必读之书，同时也是东亚一些国家和地区的必读教材。

因《春秋》文字过于简质，后人不易理解，所以诠释之作中出现了"传"。其中，以《春秋左氏传》（简称《左传》）最为经典，史料价值远大于其他经传，因而本书选用《左传》。

"四书五经"作为儒家文化的代表，在推进中华文明的进程中功不可没。

“四书五经”是两千多年前的先贤用彼时的语言文字写成的，春秋以后，语言文字也发生了巨大的变化。今天的读者，学习起来有一定的困难，许多词语、典故乃至句子的语法结构都需要加以译释。为了读者阅读方便，我们分别选取了“四书五经”中的精华名句，进行编排。每一词条分为原句、注释、译文、赏析四部分，注释具体，指出引录篇章，对于简单易懂的句子只注明出处，不作注解和释义。赏析主要是发挥其微言大义，阐明其中的人生哲理。

目　录

《大学》

大学之道，在明明德，在亲民，在止于至善。知止而后有定，定而后能静，静而后能安，安而后能虑，虑而后能得。物有本末，事有终始。知所先后，则近道矣。

【注释】

选自《大学》第一章。道：宗旨，纲领。明：第一个“明”，动词，彰明，显发。德：德行。亲：更新。止：有达成和维持之意。至善：最完善圆满的境界。定：心志的定向。本：原指树根。末：原指树梢。

【译文】

大学的宗旨是：发扬先天固有的光明正大的德行，使人民受到感化，成为新人，以求达到最完善的境界。了解要达到的境界，然后才能有确定的志向。志向确定以后就能静下心来，心静以后就能安闲舒适，安闲舒适以后就能认真考虑，认真考虑以后就能有所收获。世上的事物都有本末始终，明确它们的先后次序，那就接近事物发展的规律了。

【赏析】

本章是全篇的纲要，统领以下各篇章。其作用在于阐明全书的宗旨，即彰明人类光明纯莹的心灵、光明正大的德行，在于统治者以身作则，为人民树立榜样，再通过礼乐教化，以启迪人们最纯真的禀性，向圣人学习接受圣道的教化，从而达到至善至美的最高境界。对《大学》的纲领有所体会，自然便会立定人生志向，以此为生命的理想方向。确定了心中志向，便不会轻易被外物所诱惑、干扰。心中有了坚定的信念，就会永远坚持，永不放弃。不论面对何事何物，都能认真思考，由此得到至善之理，明白“明明德”和“亲民”如同根本和末梢的关系。“知止”是开端，“能得”是结果，对纲领有深切的认识和体会，自然距离“大学之道”的实现不远。

古之欲明明德于天下者，先治其国；欲治其国者，先齐其家；欲齐其家者，先修其身；欲修其身者，先正其心；欲正其心者，先诚其意；欲诚其意者；先致其知；致知在格物。

【注释】

选自《大学》第二章。齐：管理。修：修养。正：端正。致：推极，获取。格物：研究事物的原理。

【译文】

古人想要把彰明的天赋从个人推广到整个天下，就要先治理好自己的国家；想要治理好自己的国家，就要先整治好自己的家族；想要整治好自己的家族，就要先修养自己的身心；想要修养自己的身心，就要先端正自己的心志；想要端正自己的心志，就要先证实自己的诚意；想要证实自己的诚意，就要丰富自己的知识；丰富知识就在于深入研究事物的原理。

【赏析】

治国、齐家、平天下反映的是儒家学派的教育宗旨和目标。它认为修养德行是教育的根本，以修身为根本，才能在道德上达到“圣人”、“贤人”的境界，才能在政治上实现“治国”、“平天下”

的“至善”目标或是最高理想。良好的道德修养是为人的根本。良好的道德修养表现在具体的行为、节操之中，行为、节操由意念志向所决定，如果意念志向夹杂着过多的欲望，行为、节操就会表现得不符合道德规范。只要思想志向真诚，心志就不会被物欲所诱惑，道德人格就由此建立。其实道德修养的前提是学习，通过获得知识，掌握做人道理。由此再推到这段话的前部分，要平治天下、开创一个道德的世界，就必须有一个道德的国家，国家由家组成，家由个体的人组成；最终归结到人的德行。

物格而后知至，知至而后意诚，意诚而后心正，心正而后身修，身修而后家齐，家齐而后国治，国治而后天下平。

【注释】

选自《大学》第二章。

【译文】

摒除物欲的蒙蔽以后良知就会觉醒，良知觉醒以后意念就会变得真诚，意念真诚以后心志就能端正，心志端正以后身心就能修养，身心修养以后家庭就能管理好，家庭管理好以后国家就能治理好，国家治理好以后天下就能太平。

【赏析】

本段与上段内容相照应，只是逻辑顺序不同。上一段话将明明德、平天下，最终推到人要学习，掌握知识，明白事理，修身养性，培养道德情操。而这段话强调通过学习，修养学问道德，建立自己的道德人格，有仁德修养是治国、平天下的基础，也是关键。

为人君，止于仁；为人臣，止于敬；为人子，止于孝；为人父，止于慈；与国人交，止于信。

【注释】

选自《大学》第三章。止：达到。敬：恭敬。慈：慈爱。信：信义，诚信。

【译文】

作为君主，就要达到仁爱；作为臣下，就要达到恭敬；作为儿子，就要达到孝顺；作为父亲，就要达到慈爱；与国民交往，就要达到诚信。

【赏析】

《大学》在首章就阐述了明明德、亲民与止于至善三纲领和格物、致知、诚意、正心、修身、齐家、治国、平天下八条目。强调通过学习，丰富自己知识，知书明理，通晓人生之道，修养品德，建立自己理想的道德人格。本章便是对“止于至善”的具体阐述，以物当有当止之处到人当有当止之处，再到圣人当止之处，所有当止之处都应是至善。至善之处表现在个人的行为中，即做君主要有仁爱之心，仁正是君道的至善；臣要敬，敬正是臣道之至善；父亲要有慈爱之心；子女要对父母孝顺；民众之间要彼此讲求信义。要想“止于至善”，就需要发挥知、情、意，全力以赴，不可懈怠，这样才会有较好的成效。

富润屋，德润身，心广体胖，故君子必诚其意。

【注释】

选自《大学》第三章。润：润泽，润饰。广：宽平。胖：安舒。

【译文】

有钱的人房间装饰得很华丽，有仁德的人心里舒畅，身体自然也安适了。所以君子一定要使自己的意念真诚。

【赏析】

作为君子，一定要明白自己的意念，在心思刚刚萌动的时候就应告诫自己，心里想的是什么，要的是什么。明白什么能要，什么不能要，什么能做，什么不能做，这才是最重要的。由于意念必然会表现在各种言行上，而意念真诚又是美好道德品质的表现，所以有仁德的君子，做事光明正大，内心毫无愧疚，自然心胸坦然开朗、身体舒适健壮全归于诚意的结果。

君子有诸己而后求诸人，无诸己而后非诸人。所藏乎身不恕，而能喻诸人者，未之有也。

【注释】

选自《大学》第十一章。不恕：不能推己及人。喻：使人明了，使人接受。

【译文】

君子对于优点，要自己拥有了以后再去要求别人；对于缺点，要自己没有了以后再去批评别人。自己身上所拥有的不是恕道，却能够去教导别人的人，是从来没有的。

【赏析】

道德修养在社会发展中起着决定性的作用，这也是《大学》一直强调的。没有个人的良好修养，一切都将是空谈。从修身到齐家，再到治理国家，是最自然的事，所以《大学》里说："一家仁，一国兴仁；一家让，一国兴让。"一家之长的品行及其作为，对家中上上下下都起着模范作用。国君修身，同样对人民起着表率作用，治国者的举止最能引起人民的注意，容易上行下效。治国者必须谨言慎行，务求言行一致。凡是推行的礼乐政令，自己能身体力行，并能慈爱人民，体贴民心，考虑养民教民之道，使人民在物质和精神生活上都得到满足，人民才会心悦诚服接受其礼义教化、信守其政令法制。所以对君子而言，自己具备道德修养，才能要求别人；否则会适得其反。

所谓平天下在治其国者，上老老而民兴孝，上长长而民兴弟，上恤孤而民不倍。

【注释】

选自《大学》第十二章。上：国君。老老：第一个“老”指敬重，后一个“老”指老人。长长：第一个“长”指尊重，第二个“长”指长辈。弟：悌，孝悌。恤：怜惜，救助。孤：指幼而无父。倍：即“背”，违背，背弃。

【译文】

所说的平定天下在于治理好自己的国家，国君敬重老人，人民就会崇尚孝道；国君尊敬长者，人民就会崇尚孝悌；国君怜抚孤苦，人民就不会背弃。

【赏析】

这段话主要强调国君在治国中的表率作用。齐家的关键在于修身，修身的前提在于修己身。己身不正，何以正他人。因此作为国家的统治者，治理国家不仅要有政令，更要有教化。只有在上者敬老尊长、怜恤孤苦，人民才会兴起孝、悌、不背之志。为人君者若能洁身自好，修养仁德，实行仁政，自然会得到人民的拥护。这就是国君有道、不令自行的道理。

道得众，则得国；失众，则失国。

【注释】

选自《大学》第十四章。道：言说之意，指治国的道理。

【译文】

就是说得到民众的心，就能得到整个国家；丧失民众的心，就会丧失整个国家。

【赏析】

儒家讲究为人要有仁义，为君要有仁德，治理天下要行仁政。行仁政的关键在于以民为本，即“民为邦本”。得民心者得天下，就是这段话的主旨。这和孟子的“得道者多助，失道者寡助”同出一辙。在上位者，要重视民众的力量，把人民做为立国之本，因为民众的向背决定着国家的存亡。有仁德的君主，应顺应民心，关心民生疾苦，轻徭薄赋，减轻民众压力，让民众安居乐业，获得了人民的支持和拥护，自然保有天下。这种治国思想具有积极的意义，亦对后世产生深远的影响。

财聚则民散，财散则民聚。

【注释】

选自《大学》第十四章。

【译文】

财富集聚了，民众就会离散；财富分散了，民众就会集聚。

【赏析】

这一章作者主要劝诫君主应重民轻财。国家的财用之源来自人民的辛勤劳动。国君若能从爱民出发，节约用度，勤俭治国，自然可以节省民力，使人民的生活充裕，以达到爱民、善民、富民的目的，人民自然而然会辛勤耕作，贡献国家，国家自然也能富裕、强盛，称雄一方。如果国君只知一味地聚敛财物，满足奢侈荒淫的享乐。那么，手下的大臣便会效法臣主，也变得只知道追名逐利，贪赃枉法，中饱私囊，从而导致内乱四起，政局动摇，民心涣散，人人见利轻义，上下陷于祸乱，最后招致国败家亡。因此，《大学》强调为上者要修养道德，公正无私，廉洁自律，与民同乐，有了人民的拥护，才是真正地拥有财富。

好人之所恶，恶人之所好，是谓拂人之性，菑必逮夫身。

【注释】

选自《大学》第十六章。拂：违反的意思。菑：古“灾”字。逮：及至。

【译文】

喜好人们所厌恶的，厌恶人们所喜好的，这就叫做违背人的本性，灾害必定会降落到他的身上。

【赏析】

荀子在《哀公》中说："《传》曰：'君者，舟也；庶人者，水也。水则载舟，水则覆舟。'"在此作者用舟与水来比喻君王与百姓的关系，君王是舟，百姓是水，水可以载着舟达到彼岸，亦可将舟掀翻沉没，可谓精辟至极。所以说，为君者切莫一意孤行。因为个人喜好，弃国家社稷于不顾，置人民意愿于不管，以致失去民心，得不到人民的拥护，最终自取灭亡。如何避免这样的惨剧发生呢？圣贤教导我们：为君者要亲贤臣、远小人，以人民的好恶为自己好恶，以人民的利益为先，以民为本，此可谓为治国之道。使人人各得其所，以此获得民心。

君子有大道，必忠信以得之，骄泰以失之。

【注释】

选自《大学》第十六章。君子：指为君上者。道：修己治人之术。忠信：尽己之心而不违于物。骄泰：骄横放纵。

【译文】

君子有大道，必须用忠诚信义来争取民心，骄横奢侈就会失去民心。

【赏析】

人无信不立，国无信不举。在儒家的德政思想中，立信于民占有极其重要的位置。孔子在《论语·子路》里说："上好信，则民莫敢不用情。"意思是说君主如果讲信用，人民就会以实情相告。为上者做到言行一致，表里如一，人民就会信服，君主就会得到民心，获得人民的支持和拥护，国家政权也因此而得到巩固。所以说，治国的大原则就是必须忠诚守信；如果骄横放纵、奢侈荒淫，就会失去民心，危害国家。

《中庸》

天命之谓性，率性之谓道，修道之谓教。

【注释】

选自《中庸》第一章。天命：上天所赋予的。率：循。率性之谓道：循着本性而行，便是道。道：规律。修：修明。教：教化。

【译文】

天赋予人的品德叫做“性”，遵循事物本性就叫做“道”，使人修养遵循道就叫做“教”。

【赏析】

这段话位于全书的首章，可见为全书的总纲性内容，意在说明性、道、教的含义与关系。人的本性是上天赋予的，循着本性而行便是道，使道能不断地实现，即按照道的要求不断提高自身的修养便叫做教化。中庸之道便是使人的行为合乎本性、遵循大道的教化之道。

好问而好察迩言，隐恶而扬善，执其两端，用其中于民。

【注释】

选自《中庸》第六章。好问：不耻下问。迩言：浅近之言。隐：隐瞒。扬：宣扬。两端：即事情之理的正反两方面。用其中：在此之中，是指恰当的做法。

【译文】

喜欢向别人请教，而且喜欢体察人们浅近的话语；消除消极的东西，而宣扬人们的善行；善于把握事情的两个极端，采用恰当的做法施行于人民。

【赏析】

这是孔子赞扬舜的一段话，体现了儒家的中庸之道。喜欢请教并能体察浅近之言，可见舜的大智。他懂得：道无所不在，浅近之言仍不乏道的存在。儒家的道指选择正确的人生，即择善而行。惩恶扬善，足见舜的性情笃诚，在与人为善的心情底下，只见人的优点，而不计较他人的不足。在分析掌握事理的正反两方面时，自然分辨过与不及，知道恰当的做法，然后施行于人民。这便是舜的大智。以此鼓励人们，在人生的道路上择善而行，走人生正途，明是非善恶，并永远坚持下去。

博学之，审问之，慎思之，明辨之，笃行之。

【注释】

选自《中庸》第二十章。审：详细。笃：踏实、忠实。

【译文】

广泛地学习知识，详细地询问事物发展的原因，慎重地加以思考，明确地辨别是非，踏实地去实践。

【赏析】

在道德实践中，知与行两者密不可分。其目标的一致，决定了两者相辅相成的关系，只有坚持知行相结合才能达到目标。知是行的先导，为了能行，必须先知。儒家主张博学，因此必须学道、学礼、学文。学道便是追求真理；学礼即学习六艺（礼、乐、射、御、书、数）；学文即古代典藉有不懂的问题就要

请教别人，并把学来的东西，认真地思考，深刻领会，消化变成自己的东西。只有对学到的知识进行分析、考察，才能了解事物的本质，才不会轻易被现象所迷惑。人只有通过学习才能明白做人的道理，再把所学的知识去付诸行动，即运用到实践中，通过实践的不断检验，在道德实践的征途上日益前进。

自诚明，谓之性；自明诚，谓之教。诚则明矣，明则诚矣。

【注释】

选自《中庸》第二十一章。诚：诚心，诚恳。明：明白。教：教育，教化。

【译文】

由于诚恳而明白事理，这叫做天性；由于明白事理而做到诚恳，这是教育的结果。真诚就会明白事理，能够明白事理也就能够做到真诚了。

【赏析】

这一节重点论述了诚与明之间辩证统一的关系。人如果明白事理，就可以确定自己内心所向的目标，并以此努力，向目标迈进。由于人天性纯真，又能不断反省自身的过错，检查自己的行为是否合乎心中向善的本性，即真诚。真诚与明白事理，互为促进，相辅相成。“自诚明”是说人由于真诚而变得明理。“自明诚”是说人因为明理而更加真诚。不论是出于天性还是后天教育的结果，一个人立身处世的原则都应是为仁行善，自觉自愿，不为外在力量所驱使。做到这样，人就能达到至真至纯、至善至美的境界。

唯天下至诚，为能尽其性；能尽其性，则能尽人之性；能尽人之性，则能尽物之性；能尽物之性，则可以赞天地之化育；可以赞天地之化育，则可以与天地参矣。

【注释】

选自《中庸》第二十二章。赞：助。参：与天地并立而为三。

【译文】

只有天下最为诚心的人，才能够完全发挥自己的本性；能够完全发挥自己的本性，就能够完全发扬别人的本性；能够完全发扬别人的本性，就能够完全发扬事物的本性；能够完全发扬事物的本性，就可以帮助天地的演化和养育万物；可以帮助天地的演化和养育万物，就可以和天地配合成三了。

【赏析】

至诚尽性是《中庸》全篇主旨所在。只有至诚之人才能回归其自然本性，完全展现原本纯真的自我，并且任何一个人都存在回归自然本性的可能。为仁行善表现在社会各个方面，则万物的天性也可

以得到实现了。人如果能发扬向善之心，由仁民爱民而爱万物，珍惜万物，就可以帮助天地的化育。人类为万物之灵，可以以其智慧及能力让大自然中的万物得到适当的生存机会，从而达到天地人合一，那将是一个多么纯真而又质朴的社会，值得我们每个人为之去奋斗。

《论语》

学而时习之，不亦说乎？有朋自远方来，不亦乐乎？人不知而不愠，不亦君子乎？

【注释】

选自《论语·学而》。时：适当的时间。习：复习，练习。说（yuè）：古代通“悦”，高兴、愉悦。知：了解。愠（yùn）：恼怒，怨恨。君子：一般是指道德、学问、修养好的人。

【译文】

学习知识而又能经常去复习、练习，不也是很令人高兴的事么？有朋友远道而来，不也是令人快乐的事么？别人不了解你，你却不怨恨，不也是道德修养好的君子吗？

【赏析】

孔子被誉为我国古代伟大的思想家和教育家，几千年来受人敬仰，其原因不仅仅在于他的弟子众多，亦不仅仅在于他自身的学问有多渊博，关键在教授学生知识的过程中，他不但传给了他们知识、学问，还将做人的基本原则和为人处世的

【墨迹】册 局部 ［清］王翚 中国台北故宫博物院藏

【墨迹】册 局部 ［清］王翚 中国台北故宫博物院藏 55-1

道理贯穿其中。本段主要讲了孔子所提倡的对学习、朋友、交往应持有的态度。学习需要不断复习；要交往志同道合者才有乐趣；与人交往不能炫耀自己的才华，要谦虚有礼，才算得上是君子。这些态度即便是在今天，仍然是大家所推崇的。学习就是通过对旧知识的复习来领悟新知识，从中体会获得新知识的快乐。中国传统文化注重“修身”，也就是“修养”。要提高个人修养就必须学习，用知识来提升自己。能与远方来的学友探讨学问，更是人生的一大乐趣。因此，这三句话是孔子教学生学习、交友和注重修养的乐趣，也反映了孜孜学习、待人接物彬彬有礼是仁人君子应具备的品德。

不患人之不己知，患不知人也。

【注释】

选自《论语·学而》。患：担心、担忧。不己知：宾语前置，“不知己”的倒装。知：了解。

【译文】

不担心别人不了解自己，应担心的是自己不了解别人。

【赏析】

这一句话说明个人修养中不应计较名利得失

的问题。别人不知道自己，自己也没有什么损失；但若自己不知道别人，对贤者不交而用，对不贤者不能避而远之，这样就离祸患不远了。有道德的君子具有虚怀若谷、容纳百川的风度，也就是我们今天所说的严于律己、宽以待人。在漫长的人生道路上，对自己高标准、严要求，只有努力学习，积累学问，才能提高自己的道德修养和知识水平；对人则要谦虚谨慎，只要自己做的对，别人不了解自己，也没有必要担心什么。相反，唯恐自己对别人没有足够的了解，而是非不明、善恶不分，其后果危害更大。

吾日三省吾身：为人谋而不忠乎？与朋友交而不信乎？传不习乎？

【注释】

选自《论语·学而》。日：每天。省：检查，反省。谋：考虑，这里指考虑事情，做事。信：诚实，诚信。传：传授，老师传授的知识。习：复习，温习。

【译文】

我每天多次地进行自我反省：为别人办事竭尽全力了吗？和朋友交往够诚实守信吗？老师传授知识，是否用心认真地复习？

【赏析】

本章孔子的学生曾子指出了加强自身修养的方法即检查自己的思想和行为，强调了儒家修身中自我反省的重要性。“三省吾身”就像每个人每天要洗脸一样，应成为一种自觉的习惯，否则，就会灰尘满脸。曾子从做事是否尽己所能、与朋友交往是否真诚、学习是否刻苦认真三个方面来自省，鞭策自己，其精神实质就是踏踏实实做人、认认真真做事。当今社会，每天每个人都要面对太多的人和事，更需要坚持自省；每到夜深人静时，回想一下自己今天的所作所为，是否能够无愧于心，只有这样道德修养才会不断提高，工作学习也会天天进步。

巧言令色，鲜矣仁！

【注释】

选自《论语·学而》。巧言：花言巧语。令色：假装和善的面目。令：美好，善。鲜：少。鲜矣仁：是“仁鲜矣”的倒装。

【译文】

花言巧语、假装和善的脸色，这样的人很少有仁的！

【赏析】

这句话强调了孔子识人的态度。他从正面提醒人们往往能说会道、善于讨好他人的人实际上就是些缺乏道德心的人。告诉人们要透过现象看本质，不要被虚伪的外表所迷惑，要注重内在的品德修养。在当今社会，尤其是当政者，不要被谄媚奉承之人的伪善面孔影响自己对大事大非的判断，而应多听那些脚踏实地、表里如一的人的想法。“忠言逆耳利于行”，这句话是我们须谨记的。

过则勿惮改。

【注释】

选自《论语·学而》。惮：畏惧，怕。

【译文】

有了错误不要害怕改正。

【赏析】

儒家推崇的自我修养方法是对人对事要以忠信为主、诚实无伪，时刻学习别人长处，改正自己缺点和错误。有了过错不要怕改过，重要的是要迅速改正。“过而能改，善莫大焉。”我们不怕人犯错，就怕人家不改错。而实际上，在生活中更多的是，大家都不怕犯错，却怕改错。因此，孔子在此对那些执迷不悟的人提出了自己的规劝，正如朱熹引程子的“知其不善则速改以从善”。

弟子，入则孝，出则弟，谨而信，泛爱众，而亲仁。行有余力，则以学文。

【注释】

选自《论语·学而》。入：在家。出：外出学习或做事。弟：古同“悌”（tì），敬爱兄长、长辈。泛：广泛，普遍。亲仁：亲近有仁德的人。文：学问，文献。

【译文】

弟子们，在家里要孝敬父母，出门对待友人要像对待兄长一样尊重、友爱，说话做事要谨慎而且诚实可信，对众人都要友爱，亲近那些有仁德的人。这些都做到之后，如果还有精力，那么就学习文献典籍。

【赏析】

儒家一直都在强调个人修养，这表现在生活的各个方面。在家里要孝敬父母，这是做人的根本。在外学习和工作，要与同学、同事和睦相处，团结友爱，爱岗敬业，诚实待人。常常向那些品德高尚的人学习，以提高自己的道德情操。在实践了这些做人的基本原则的基础上，如果有精力，可以用来治学。由此可见，孔子在做人与治学间，将做人放在了治学前面，修身以提升自我，接近仁，是我们最应该做的。当自我的修身做到了，才去治学，这样才有更好的效果。

父在，观其志；父没，观其行；三年无改于父之道，可谓孝矣。

【注释】

选自《论语·学而》。在：在世，活着。其志：他儿子的志向。没：去世，死亡。行：行为。道：志向，做法，这里指父亲生前的思想和行事。

【译文】

父亲活着的时候要观察儿女们的志向，父亲去世后要考察儿女们的行为；如果三年之内不改变他父亲的行为原则，就可以说是尽孝了。

【赏析】

孔子阐述了对于子女是否尽孝的看法。孝是中华民族的传统美德，也是淳化民风的措施之一。儒家倡导的孝道是子女对父母的尊从，子女应以父母意愿为重。父亲在世时要看子女是否有远大理想；父亲去世后，三年内不改变父亲的行为准则，才能称得上孝顺。人们应辩证地去分析“三年无改于父之道”的说法。如果父亲的行为准则是正确的，那么就可继承，发扬光大。反之，应予以立即修正，不能盲目地尽孝。

贤贤易色；事父母，能竭其力；事君，能致其身；与朋友交，言而有信。虽曰未学，吾必谓之学矣。

【注释】

选自《论语·学而》。贤贤：第一个“贤”字做动词，尊敬贤者；第二个“贤”字为名词，谓贤者。易：更易。色：相貌。事：奉侍。致：送，奉献，贡献。身：生命。

【译文】

尊重贤者，注重品德而不注重相貌；侍奉父母，能够尽心尽力；侍奉君主，能够舍得献出生命；和朋友交往，诚实守信。这种人虽说自己没有学习过，但我一定说他是学习过的。

【赏析】

儒家最讲究个人修养，讲究孝道是个人修养之一。这一章是子夏对知识与德行关系的阐述。子夏是孔子晚年的学生，比孔子小四十四岁。子夏认为道德实践与文学知识同样都是学，而且道德实践比单纯学习知识更重要。因此，子夏说："能够做到对父母尽孝，对君主尽忠，对朋友尽义，亲近贤者，注重内在品质不在乎外在修饰的人，即使没有学习过，我一定要说他有着高深的学问。"

君子务本，本立而道生。孝弟也者，其为仁之本与！

【注释】

选自《论语·学而》。务：专力。本：基础，根本。立：建立。道：仁道。弟：通"悌"。仁：仁爱，也是儒家一种道德准则。与：语气词。

【译文】

君子致力于根本，根本的东西确立了，道也就产生了。孝顺父母，敬爱兄长，就是仁的根本吧！

【赏析】

所谓"百行孝为先"，本章仍然谈的是孝道的问题。孝悌是仁爱的基础，明白了要对父母尽孝、对兄弟友爱的道理之后，其他的道理也就能够理解了。孝悌是中华民族的传统美德，人只有有善事父母、友爱兄弟这些仁爱的基础，才能谈到爱别人。如果对自己的父母兄弟都不闻不问，那还谈什么爱他人。所以中国古人经常拿一个人是否有孝行来作为考察其人品的标准。

知之为知之，不知为不知，是知也。

【注释】

选自《论语·为政》。知：知道。这是聪明智慧。

【译文】

知道的就承认知道，不知道的就是不知道，这是聪明智慧。

【赏析】

本段讲了孔子教导子由对待知识应持有的态度，亦是教育人们做任何事情都必须具有实事求是的精神。不论是学习，还是做人做事，必须要有一个理念，那就是诚实，诚实于自己，诚信于他人。真正的聪明智慧是为人处世实事求是，不懂就是不懂，虚心向他人学习，不耻下问，将不知的问题一定弄懂，直到获得真知。只有那些自以为聪明的人才会不懂装懂，自欺欺人，最终什么也没有学到。

温故而知新，可以为师矣。

【注释】

选自《论语·为政》。故：旧，指过去的人和事。师：老师。

【译文】

温习旧的知识，进而能有新的体会，这样便能做别人的老师了。

【赏析】

“温故而知新”是孔子针对学习方法而阐发出的至理名言。这句话不仅对老师有启发作用，对其他人也有非常重要的意义。同样的知识，每学一遍便会有不同的感受与领悟，由于学习者所处的环境、时间不同，每次都可能有新的体会。人类的知识是在“温故知新”的基础上积累起来的。社会是靠人们对知识循序渐进的掌握阐发而发展的。人们在学习前人智慧结晶的同时，得到新的体会，也就探索出新的道理。

学而不思则罔，思而不学则殆。

【注释】

选自《论语·为政》。罔：迷惘，茫然，蒙蔽。殆：疲殆，精神疲倦。

【译文】

只读书而不思考就会感到迷惘，无所收获；只是思考而不读书，有时就会精神疲殆。

【赏析】

这一章主要讲学与思相辅相成的关系。孔子主张学思结合，相互促进：在学的基础上思考，在思的指导下学习。强调了人们不但要勤奋好学，而且要勤于思考，两者并进，效果就会事半功倍。反之，如果只思考，而不去认真学习，那么神思就会枯竭，很多问题便无所适从。如果只学习而不思考就会精神疲殆，最终无所获。言简意赅的十二个字，谆谆告诫人们：学思结合、偏一不可，勤奋努力、刻苦钻研是事业有成的重要途经。

吾十有五而志于学，三十而立，四十而不惑，五十而知天命，六十而耳顺，七十而从心所欲，不逾矩。

【注释】

选自《论语·为政》。有：又。志于学：立志向学，追求学问。立：独立。不惑：遇事不迷惑。天命：指宇宙自然之理。耳顺：能听进好、坏话，并能辨别事非。逾：超越。从：随。矩：法度之器，规矩。

【译文】

我十五岁就有志于学习，三十岁开始自立，四十岁面对一切事情都能明白其中之理而不被迷惑，五十岁了解宇宙自然之理，六十岁时对别人所说的话能分清是非，七十岁时便能随心所欲、随意而行，但一切行为都不会超越规矩准则的。

【赏析】

这一章是孔子对自己一生的经验总结。他十五岁时就立志追求学问，三十岁时自强自立，四十岁明白事理且遇事不迷惑，五十岁了解宇宙自然规律，六十岁明辨是非，七十岁随心所想，又不至于逾越出应有的规距。孔子在此告诉人们，在漫长的人生历程中，从成长到成熟，人都会经历不同的几个阶段，且每一个人生阶段都是对上一个人生阶段的升华和进步，尤其是最高境界，随心所欲还能合乎礼仪，是个人修养的顶峰。所以，人生目标确定后，只有通过孜孜不倦地追求学问来丰富自己、完善自己，才能日有进益；加之社会实践经验的积累，一步一个脚印地前进，终能到达人生的顶峰。

君子周而不比，小人比而不周。

【注释】

选自《论语·为政》。周：团结，亲和。比：勾结。

【译文】

君子亲密团结而不相互勾结，小人互相勾结而不亲密团结。

【赏析】

这一章孔子讲的是观察人的方法。如何区别小人和君子，只要看看他们交结朋友的方式就可以了。君子为人做事顾全大局而不损人利己，和绝大多数人都能友好相处。小人则不同，一切都从个人利益出发，自私自利，处事不公，结党营私，搞小集团，一切以自我为中心，这句话同时也告诉了我们一个为人处世的道理，即应学习君子，团结而不相互勾结，不应学习小人，“比而不周”。

君子不器。

【注释】

选自《论语·为政》。器：器具，引伸为只有一种特定的、局限的用途。

【译文】

君子不像器具一样（只有一种特定的、局限的用途）。

【赏析】

这一章虽只有四个字，却言简意赅地说出了作为一个君子所应具备的才能，他只能是一个德才兼备、文武双全的通才。孔子强调君子要担负起治国之重任，要求君子是博学多才、有胆有识之士，对内能运筹帷幄，对外能自如应对四方，为国家的繁荣富强做出应有的贡献。

八佾舞于庭，是可忍也，孰不可忍也？

【注释】

选自《论语·八佾》。佾：古代奏乐舞蹈，每行八人叫一佾。忍：容忍。

【译文】

季孙氏使用只有天子才能用的八佾之礼在庭院中舞蹈，这种事可以容忍的话，还有什么不可容忍的呢？

【赏析】

孔子终生的理想就是建立一个礼仪之邦。本篇孔子对季孙氏在家庙祭祀时使用天子之礼，他对这种越礼之举进行了严厉的谴责。《周礼·祭法》对于各种身份的人祭祀祖先所用的礼仪都有明确而严格的规定。作为周礼的坚决维护者，孔子对于季孙氏这种越礼之举深恶痛绝，并义愤填膺地给予抨击：这僭礼的事都可忍心做出来，还有什么事不能狠心做出来呢？从反面教育人们做任何事情都要循规蹈矩，遵法守纪，坚持原则。

成事不说，遂事不谏，既往不咎。

【注释】

选自《论语·八佾》。说：解释。遂：完成。谏：谏阻，劝阻。咎：追究。

【译文】

已经做过的事就不要再解释了，已经完成的事就不要再劝阻了，已经过去的事就不必再追究了。

【赏析】

这一句是孔子教育弟子宰我的话。当时，鲁哀公问宰我，古代用什么木料做社神牌位。宰我回答："夏朝人用松木，殷人用柏木，周朝人用栗木。"之后又随便地加了一句，意思是说这么做是为了让百姓望而生畏、恐惧战栗。他这么说便是对周王室的不敬。宰我的这种行为违背了孔子行仁政的思想原则，因此孔子听后立即给予了批评，并教育人们话到嘴边留三分，不能无所顾虑，随便乱讲，谨防造成不良后果。这三个原则在今天处理人际关系时也是可以借鉴的。

朝闻道，夕死可矣。

【注释】

选择《论语·里仁》。朝：早，早晨。道：真理。夕：晚上。

【译文】

早上得到了真理，就是当晚死了，也没有什么遗憾。

【赏析】

一个人如果具有了远大理想，就会孜孜不倦地追求真理，并且在这个过程中，使自己的道德修养和行为不断地得到完善。孔子强调，早上得到了真理，就是晚上死去，也是死得其所。因此，历史上许多英雄豪杰，在真理面前不畏强权，挺身而出，扬善抑恶，为造福人民而不惜牺牲自己的生命。这种人格魅力至今还影响着许多人。

君子怀德，小人怀土；君子怀刑，小人怀惠。

【注释】

选自《论语·里仁》。怀：怀念，关心，念念不忘。土：乡土。刑：刑法，法制。惠：恩惠。

【译文】

君子无法忘怀的是道德，小人怀恋田土；君子关心法制，小人关心恩惠。

【赏析】

孔子用怀念道德和法制、怀恋田土和恩惠来作为区分君子和小人的标准。通过两者之间不同的人生追求的对比，指出了他们在道德修养上的差异，进而得出二者在人生观、道德观和价值观上存在的种种差异。君子怀念的是道德，仁德是他们心中不可或缺的精神财富，行为处处合乎法度；而小人则怀恋的是田土，追求的是恩惠。孔子以此提醒人们，立身处世的根本在于不断提高自身的道德修养。

不患无位，患所以立。不患莫己知，求为可知也。

【注释】

选自《论语·里仁》。患：担心，忧患。位：官位。以：凭。立：站到那个位置。莫己知：不了解自己。求：追求。可知：可以给人知道。

【译文】

不要担心没有职位，所要担心的是怎样才能在自己的岗位上立足（也就是说是否称职）。不要担心没有人了解自己，需要追求的是有足以让人可以知道的才能。

【赏析】

每个人都渴求得到理想的职位，但必须实事求是地正视自己的能力，并能客观公正地评价自己，才能准确地给自己定位。正像孔子所说，不要担心没好职位，所要担心的是有没有胜任的本领；更不要担心没人了解自己，只要有足以让人了解的才能，别人自然会来了解自己。一个人要成就事业，就要努力积累知识，不断完善道德修养。有了真才实学，若有机会，就会如鱼得水，自如地施展聪明才干，也才会在社会中立于不败之地。

君子喻于义，小人喻于利。

【注释】

选自《论语·里仁》。喻：知晓，懂得。利：财利，私利。

【译文】

君子晓得的是道义，小人懂得的是财利。

【赏析】

孔子通过对君子与小人在仁德问题上的分析，得出了君子与小人对于义与利的不同态度。仁人君子重道德，守法度，行为美好；小人以利为先，见利忘义，于社会道德准则而不顾，甚至为达私利而不择手段。正如晋范宁所说："弃货利而晓仁义，则为君子；晓货利而弃仁义，则为小人。"孔子教导人们的行为要以义为准则，背离仁德的利千万不可取。即做任何事都不可忽略了做人的最基本原则。

父母在，不远游，游必有方。

【注释】

选自《论语·里仁》。在：在世，活着的时候。游：出游，游学，游宦。方：去向，去处。

【译文】

父母在世时，不应该出门远行。即便是要出门远游，一定要有明确的去处。

【赏析】

赡养双亲是作儿女的义不容辞的责任。因此，孔子教育人们，父母在世时，子女不要轻易出门远行，以便守在父母身边，尽孝子之道。如果非要远出，首先要安顿好父母，并要告诉父母确切的处所行踪，因为“儿行千里母担忧”。子女只有对父母孝敬有加，才能报答父母的养育之恩。不要让年事已高且无人照顾的父母，还要为远在异地的子女牵肠挂肚。

父母之年，不可不知也。一则以喜，一则以惧。

【注释】

选自《论语·里仁》。年：年龄。一则：一方面。喜：高兴。惧：怕，担忧。

【译文】

父母的年龄，不可不知道。一方面为他们的高寿而高兴，一方面为父母日渐衰老而担忧。

【赏析】

孔子教导做子女的要知道父母的年寿逐年增加，日渐衰老，应该在父母有生之年竭尽全力侍奉他们，关心他们，使他们能够安享晚年。孔子在这里也道出了人的矛盾心理，父母年寿日高，子女喜忧参半。高兴的是父母身体健康，享有高寿，儿女就能多尽孝心，报答养育之恩。担忧的是父母毕竟年寿已高，会日渐衰老，总有一天要弃自己而去，再也没有机会守在他们身旁行孝。这便是作为人子的孝道。

古者言之不出，耻躬之不逮也。

【注释】

选自《论语·里仁》。古：古人。出：出于口。躬：身，亲身。逮：及，到。

【译文】

古人不轻易开口，因为他们以言而无信、言行不一为耻。

【赏析】

孔子由深入浅出的道理教导人们做人的根本是提高自身的道德修养，立身处世的基本原则是言必行、行必果。“君子一言，驷马难追”，古代君子言行谨慎，以自己言行不一为耻。古人尚且如此，今天的人们更应该如此，必须恪守诚信，遵守诺言。在现实生活中，切务实，莫务虚，少说话，多做事，做事为人谨守道德准则，说到做到，言行一致。只有重信誉才能在千变万化、竞争激烈的社会中立于不败之地。

君子欲讷于言而敏于行。

【注释】

选自《论语·里仁》。欲：须。讷：拙状，语言不流畅。言：言语。敏：快速，有力，敏捷。行：行为。

【译文】

君子说话应该谨慎小心，但做事情一定是快速而有力的。

【赏析】

本篇是孔子教导人如何做一个有仁德修养的

君子。少说空话、多干实事、言行一致是孔子认为的君子行为的准则，也是他的一贯主张。在现实生活中，做人不应该夸夸其谈，而应将良好的道德修养付诸美好的行动中，做事坚持原则，是非分明，果断而不草率，言出必行。本句真正体现了孔子的思想：君子的言行，在说的时候，宁可显得小心谨慎，甚至可以迟钝一点，但做事情一定要迅速果断。

朽木不可雕也，粪土之墙不可圬也；

【注释】

选自《论语·公冶长》。朽：腐烂，多指木头。雕：雕刻。粪土：腐土。圬（wū）：用泥灰抹墙，此处指粉刷。

【译文】

腐朽的木头不可用来雕刻，腐土一样的墙壁是不可以被粉刷的。

【赏析】

宰我是孔子的学生，他白天睡觉不学习，孔子因此说出了这句话。“朽木不可雕”如今已成为妇孺皆知的成语，是对那些嘴上胸怀大志，说要干一番轰轰烈烈的大事业，而实际却不愿做出任何努力的人的讽刺。对只说空话、不干实事的人用再多的功夫去造就，正像是雕刻朽木、粉刷粪土之墙一样白费力气。常言道：一份耕耘，一份收获，若想成就大事业就必须付出辛勤的努力。

今吾于人也，听其言而观其行。

【注释】

选自《论语·公冶长》。今：现在，今天。于：对于别人。观：观察，考察。

【译文】

现在我对于别人，听他说的话，还要观察他是不是这样做的。

【赏析】

宰我只说不做，学习偷懒，白天睡觉，虚度光阴，孔子对这种行为进行了严厉批评。由于宰我能言善辩，孔子把宰我当成一个勤奋好学、要求上进的人。当他看到宰我白天睡觉后，总结出判断一个人的正确方法是：不看你说得多么好听，重要的是要观察是不是这样做的，言行是否一致。从孔子对宰我的态度可以看出，孔子教育人们要有良好的道德修养，说得好不如做得好。对“朽木”、“粪土”之类为学之道不要抱任何幻想，判断一个人不要“听其言而信其行”，重要的是“听其言而观其行”。

敏而好学，不耻下问。

【注释】

选自《论语·公冶长》。敏：聪明，也可释为勤勉。耻：羞耻，耻辱。下问：向学问不如自己的人请教。

【译文】

聪明而喜爱学习，向地位、学识不如自己的人请教，并不感到耻辱。

【赏析】

“不耻下问”如今已是家喻户晓、妇孺皆知。撇开孔子当时说这句话的时代背景，就现在而言，也为人们讲出了学和问两方面内容的为学之道。聪明固然重要，爱好学习的习惯更是重要，更要有不以向学问不如自己的人请教为耻辱的虚心学习的精神，这样才会在为学的过程中学有所得、学有所进，这样才能学有所长。

三思而后行。

【注释】

选自《论语·公冶长》。三：多数。三思：反复思考。

【译文】

每件事情要经过多次考虑，然后才去行动。

【赏析】

每遇到大事时，中国人都会想起“三思而后行”这句古话。凡是成就非凡事业的人，都会继承古人留下来的“三思而后行”的美德，做事果断而不鲁莽。反复考虑、权衡利弊是为了减少差错，这样就避免了不堪设想的后果。如果事先将各方面情况做了缜密的思考，有了充分的思想准备，做起事来就能应付自如，乱了章法、手足无措的现象就不会出现。当然，三思并不是意味着遇事优柔寡断，无所适从。而是谨慎行事，更好地做好事情。

不迁怒，不贰过。

【注释】

选自《论语·雍也》。迁怒：心情不好，拿别人来出气。贰：再，重复。贰过：同样的过失或错误。

【译文】

不拿别人来出气，同样的错误也不犯第二次。

【赏析】

这句话是孔子赞美他最喜欢的学生颜回所具有的品德修养时说的。孔子弟子众多，为什么颜回是他最看重的呢？因为颜回不但发愤学习，勤于思考，更重要的是当自己生气、心情不好时，从不把别人当作是自己出气的对象，也从不犯同样性质的过失。由此而知，孔子所说的好学，首先是为人处事、品德修养的学习，其次才是知识方面的学习。所以说，人们在学习的过程中，道德的修养应该放在首位。

质胜文则野，文胜质则史。文质彬彬，然后君子。

【注释】

选自《论语·雍也》。质：朴实，质朴。文：文采。野：粗野。史：史官，此处指只注重浮华外表。文质彬彬：既文雅又质朴的样子。

【译文】

朴实胜过文采就显得粗野，文采多于朴实就显得浮华。文采和朴实恰当结合，这才是个君子。

【赏析】

文质彬彬是对一个行为的赞美，其出处就在此句。质是自然本性，朴实无华。过于朴实就难免流于粗野，比如在与人交往时，虽有一颗真诚之心，但语言行为上的欠缺却是无法弥补的。文采通过学习所得，能怡情养性，陶冶情操，待人接物很有涵养。如果言行表现过分，就显得言不由衷，虚伪客套。所以孔子说，恰如其分地表达出真情实感，本质巧妙地结合修养，表里如一，才算是个君子。

知之者不如好之者，好之者不如乐之者。

【注释】

选自《论语·雍也》。知之：懂得它，了解它。好之：爱好它，喜欢它。乐之：以它为乐。

【译文】

对于学问，懂得它的人不如爱好它的人，爱好它的人比不上以它为乐的人。

【赏析】

知之、好之、乐之是求学由浅入深的三个阶段。孔子说这句话就是鼓励人们以自强不息的精神，从对知识的掌握到懂得道理，再升华到对求学明道产生浓厚的兴趣，然后达到以好学求道为乐的境界。如果一个人把获取知识当成人生最大的乐趣，那么他的仁德修养将会更加完美。

仁者先难而后获，可谓仁矣。

【注释】

选自《论语·雍也》。仁：仁德。难：艰难辛苦。获：收获，获得。

【译文】

肯吃苦在先，而后得到收获，这样就是有仁德了。

【赏析】

这句话仍然是孔子针对仁这一问题所作的回答。孔子认为，作为仁者，必先修身养性，提高道德修养。将人民利益放在第一位，处处以身作则，吃苦在先，一定先付出艰辛的劳动而后有收获；心安理得地享受不劳而获的成果是不对的。宋朱熹说："先其事之所难，而后其效之所得，仁者之心也。"可见追求仁道首先要严于律己，付出辛勤耕耘之后再考虑收获。我们今天的每个人也都要学习这种仁德修养。

知者乐水，仁者乐山。知者动，仁者静。知者乐，仁者寿。

【注释】

选自《论语·雍也》。知：通“智”，聪明。乐：喜爱。喜欢。仁：仁德。乐（lè）：快乐。寿：长寿。

【译文】

聪明的人喜爱水，仁德的人喜爱山。聪明人活跃，仁德的人沉静。聪明的人快乐，仁德的人长寿。

【赏析】

孔子从性格上深刻地剖析了智者与仁者的差别，用水、动、乐、山、静、寿分别说明智者和仁者性格不同。孔子认为聪明的人明理通达，善于思考，办事灵活，不拘泥于形式，因而流动不止的水是他的最爱，也就好动。具有豁达的心胸、潇洒的行为，快乐也就常常伴随于他。仁德的人遵守义礼，行为规范，做事合情合理，清心寡欲，因此喜爱稳定不迁的山，生性好静，自然淡泊名利，与世无争，这样的人因此也十分长寿。智者喜水，仁者喜山，都是对大自然的崇尚，也是他们精神的蕴涵。告诉人们要像智者喜水、仁者爱山一样愉快而长寿。

夫仁者，己欲立而立人，己欲达而达人。

【注释】

选自《论语·雍也》。立：站得住。达：达到，行得通。

【译文】

什么是仁呢？自己要站得住脚，便要帮助他人也站得住脚；自己想要行得通，也要使他人行得通。

【赏析】

孔子主张求仁要从内心出发，然后付诸于行为，并不流于形式，或者带有一定的功利目的。仁者的标准就是“己欲立而立人，己欲达而达人”。有仁德的人会设身处地为他人着想，自己想要站得住脚，便要想方设法使他人也站得住脚；自己想要达到的，也要使他人能达到。自己不想要的东西或不愿做的事，要想到别人也会有这样的想法，就像我们今天常说的换位思考。就不难得出结论，要得到仁就必须学会站在他人角度考虑问题。

学而不厌，诲人不倦。

【注释】

选自《论语·述而》。厌：满足。倦：厌倦，懈怠。诲：教诲，教导。

【译文】

努力学习而不感到满足，教诲别人而不感到厌倦。

【赏析】

每个人都不会一生下来就知晓世间万事，必须通过后天勤奋努力学习而知晓万事。孔子的“学”包括为人处事的学习和知识的学习。在学习上决不能有自满情绪，只有孜孜不倦、持之以恒，才能真正地学好。这样做了就必然会知识广博，通达明理，达到胸襟宽广、择善而从、知错能改的境界，也就会自然而然地关心社会和他人，奉献爱心。在学习的过程中，知识和仁德修养也会随之提高。同时，这句话完全可以作为今天我们行动的指南。

德之不修，学之不讲，闻义不能徙，不善不能改，是吾忧也。

【注释】

选自《论语·述而》。德：品德，道德。讲：讲求。义：正义。徙。迁徙，此处引申为亲身实践。忧：忧虑。

【译文】

不修养品德，不讲求学问，听到正义却不亲身实践，有错误而不能改正，我对这些事情十分担忧。

【赏析】

“修德”、“讲学”、“迁善”、“改过”这四个方面深深地困扰着孔子。本句是孔子针对当时社会风气低下的时弊有感而发，实际上是教育人们要提高个人道德品质修养，立志追求仁德，关心社会，帮助他人。对正义的事情要敢做敢为，又能勇于改正错误。如果每个人都能见贤思齐，有过必改，社会将会更加和谐美好。

不义而富且贵，于我如浮云。

【注释】

选自《论语·述而》。

【译文】

用不正当的手段得到财富和尊贵，在我看来，就好像天空中飘浮的云一样聚散不定。

【赏析】

如果财富是通过不正当的手段获得的，那么仁对于我来说就像天空中的浮云聚散无常，随风即逝。富贵，是每个人都想得到的，但是前提必须是合乎道义。如果通过自己辛勤的努力，凭着自己的智慧

【墨迹】册 局部 [清] 王翚 中国台北故宫博物院藏

和才能得到富贵，那是无可非议的。想明白了这一点，自然不会被各种物质、名利、虚荣所诱惑，会使自己的品德修养、人格理想达到崇高的境界。可是，富贵和仁义在大多数时候都是不平衡的，而且有时出现对立情况，因为富贵是经过激烈的竞争才可获得的，在竞争中必然有失去准则的时候，况且有时付出了血的代价，也未必有相应的回报。因此，不如立志追求仁德，提高修养，安贫乐道，做一些对他人有益的事情。

发愤忘食，乐以忘忧，不知老之将至云尔。

【注释】

选自《论语·述而》。忧：忧愁。云尔：语尾助词，意思是如此而已，罢了。

【译文】

努力学习时忘了吃饭，快乐时忘记了忧愁，根本不知道衰老即将要来，如此而已。

【赏析】

这句话是孔子的自我总结，他一生勤奋好学，学而不厌，学习起来废寝忘食，全身心沉浸在追求品德修养与学问探索中。在获得知识以后，快乐得忘记忧愁，连衰老即将要到来都不知道。孔子为求知识而勤奋学习，专心致志，不畏贫困，为人潇洒的态度在此体现得淋漓尽致。他这种发愤忘食、乐而忘忧的精神成为千百年来有志之士追求事业成功的座右铭。

我非生而知之者，好古，敏以求之者也。

【注释】

选自《论语·述而》。生：天生。好古：喜欢古代文献或文化。敏：敏捷勤奋。

【译文】

我不是天生就有知识的人，而是喜欢古代文献，进而通过勤奋的追求获得知识。

【赏析】

孔子教育他的学生，一出生就拥有知识的人是没有的，有学识的人都是通过后天的刻苦学习、勤奋追求，才能获得丰富的知识，懂得人世间的一切道理。通过对古代文化的不断探索和深入研求，获得至深的处世立身之道，达到崇高的品德修养境界，行为才不会逾越道德规范。孔子鼓励人们在求知的道路上要专心致志，如饥似渴，学而不厌，乐而忘忧。这样的人才会在事业上取得成就，对社会做出巨大贡献。

三人行，必有我师焉。择其善者而从之，其不善而改之。

【注释】

选自《论语·述而》。三人：几个人。师：老师。择：选择。善：好，优点。

【译文】

三人一路同行，其中一定有可以做我的老师的人。选择他们好的地方向他们学习，他们中不好的地方自己如果有就要改正。

【赏析】

“三人行，必有我师焉。”到如今流传了两千多年，已经是妇孺皆知。孔子认为：三人同行，一定有老师在其中，人家的优点肯定是值得自己学习的，人家有缺点的地方是值得引以为戒的镜子，这就是称为老师的原因。提醒人们时刻学习别人长处，以提高自己的道德修养。发现别人缺点，要检查对照自己，是否犯有同样毛病。如果有，就要及时改正努力使自己成为一个合格的人。

多闻，择其善者而从之；多见而识之，知之次也。

【注释】

选自《论语·述而》。识（zhì）：记住。知之次也：次于生而知之者。

【译文】

多听是求得知识的方法之一，选择其中好的跟着学；多看，牢记在心里，用这种方法得来的知识是仅次于生而知之者的。

【赏析】

孔子教育人们不要不懂装懂，只凭主观想象来猜测、判断，自我吹嘘。主张学习必须多听多见，选择他人长处跟着学，牢记在心，在实践中掌握第一手资料，所见所闻务求其实。他一贯认为人并非生而知之，而是后天学而知之。好学、多学，不断努力，这才是获得博大精深的学问，使人们知识道德修养提高的途径。如今的人们，更应该学习孔子以严谨审慎的态度追求学问的精神。

君子坦荡荡，小人长戚戚。

【注释】

选自《论语·述而》。坦荡荡：心胸宽广，襟怀坦荡。长：通常。戚：忧愁。

【译文】

君子心胸平坦宽广，小人经常忧愁不安。

【赏析】

简短的话语，君子和小人不同的心境便被描述得清清楚楚：君子大公无私，襟怀坦荡，毫不利己，专门利人，对社会、对他人讲究奉献，为人做事清清楚楚，明明白白，所以他们胸怀宽广，心情舒坦。而小人则不同，受社会上名利富贵的诱惑，处处考虑自己的得失，为了私利不择手段，每天都沉浸在患得患失、忧愁不安的心境中。梁皇侃《论语义疏》引江熙说："君子坦而夷任，荡然无私；小人驰竞于荣利，耿介于得失，故长为愁府也。"充分说明了君子与小人的不同胸襟。

士不可以不弘毅，任重而道远。仁以为己任，不亦重乎？死而后已，不亦远乎？

【注释】

选自《论语·泰伯》。士：读书人。弘毅：抱负远大，意志坚强。

【译文】

读书人志向不远大不行，意志不坚强不行，因为他们的责任重大而道路遥远。把实行仁德作为自己的责任，这个责任不也是很艰巨的吗？奋斗到死方才罢休，这不也是很遥远的吗？

【赏析】

“任重道远”、“死而后已”这两个词就是从这时候开始流传的，并一直延续到今天，它成为许多有志之士终身奋斗、矢志不渝所追求的人生目标。曾子认为，读书人明白做人的道理，它就是明白了仁，所以肩负着实践仁德的任务，因而必须具有远大的抱负、宽广的胸怀和坚韧不拔的意志，勇于进取，遇难不退缩。以实行仁德为己任，表现在各个方面的每一件事。如此看来，要实行仁德的确任务艰巨，责任重大。只要一息尚存，就不能放弃做人的使命，在有生之年，尽自己的最大努力，为国、为人民做出更多的贡献。

以能问于不能，以多问于寡；有若无，实若虚；犯而不校。

【注释】

选自《论语·泰伯》。能：才能。寡：少。若：如同，像。犯：触犯，冒犯。校：计较。

【译文】

有才能的人却向没有才能的人请教，自己知识丰富却向知识不多的人请教；有学问却如同一无所有，满腹才华却像空无一物；对别人的冒犯一点也不进行计较。

【赏析】

曾参对颜渊好学、为人的美德进行了追思。颜渊是孔子最得意的学生，在为学、品行诸方面深得老师饱含深情的赞赏。他学识渊博还向不及自己的人请教，才华横溢却表现得一无所有，被人冒犯却一点也不去计较。这些都表现了他谦虚、好学、不耻下问，不自恃才高，不妄尊自大，心胸宽广而能宽容别人的优良道德品质和崇高的思想修养境界。一个人的修养达到这个水平必是经过了长时间的修身养性和严格的自律。

不在其位，不谋其政。

【注释】

选自《论语·泰伯》。位：职位。谋：谋划，商议，参与，干预。

【译文】

不处在那个职位上，就不要干预那个职位上的工作。

【赏析】

孔子说这话的意思是教育人们守礼，做好自己的事情，尽好自己的本份，各司其职，不要越职去干预别人的工作。否则，对自己、他人和工作都没有一点儿帮助，反而造成比较坏的后果和影响。所以孔子告诫人们，不在其位，就不要干预那个职位上的工作。社会上的每个人都能明确自己的位置，遵守立身处世的原则，行为符合自己的身份，如此才能避免越礼越职现象的发生，使社会规则不致变乱。

学如不及，犹恐失之。

【注释】

选自《论语·泰伯》。不及：赶不上。犹：还。恐：恐怕，担心。

【译文】

做学问好似追赶什么，生怕永远赶不上，即使学到了一点知识还要担心失掉它。

【赏析】

知识的获得是通过长时间的努力和苦功得来的，一朝一夕的学习不能拥有广博的学问。这句话就是孔子教导人们要懂得学无止境的道理。勉励人们要掌握知识，不能自我满足，在求知的道路上开足马力，发愤忘食，持之以恒，一点也不能松懈，这样才会有所收获。并且将学到的知识反复巩固，温故知新，才会不断进步。反之，骄傲自满，自以为是，最终将导致自己停滞不前、一无所成。

仰之弥高，钻之弥坚。

【注释】

选自《论语·子罕》。弥：越，更加。

【译文】

老师的道德学问，抬头仰望，越望越觉得它高，越钻研越觉得精深。

【赏析】

这句话是孔子最得意的学生颜渊对老师学识深厚、博大精深的赞美，对老师崇拜备至。他从老师那里学到了渊博的知识和崇高的美德，所以感叹老师的道德学问，仰望它更加高大，越钻研越觉得更加艰深。虽然颜渊认为孔子之道至高至深，但仍没有放弃自己的追求。铭记老师学无止境的教导，发愤学习，立志追求老师之道，从来没有丝毫的懈怠，最终形成谦逊为学、积善成德的伟大人格。

出则事公卿，入则事父兄，丧事不敢不勉，不为酒困，何有于我哉？

【注释】

选自《论语·子罕》。出：离家出仕。入：回家。父兄：泛指长辈。勉：尽其力。酒：饮酒过量。

【译文】

外出做官就奉侍公卿，回到家就奉侍长辈，遇到丧事不敢不尽力去办，不被饮酒所困扰，我做到了哪些呢？

【赏析】

在当时，孔子针对忠顺、孝悌、哀丧、慎酒四件事发表评论，认为：人们出去做官，就应该尽己本分，忠诚守规，做好自己应该做的事情；回到家里要孝顺父母，尊敬兄长；遇到丧事要尽力去办；不要过量饮酒，时刻用礼约束自己的言行。一个人的道德修养都在日常生活的点滴中体现出来，每个人都须从一点一滴做起，持之以恒，积善成德，久而久之定会造福于社会。对工作负责，对长辈孝敬，对丧事尽礼，慎饮酒，这对我们现在的人来说也是很有教育意义的。

逝者如斯夫！不舍昼夜。

【注释】

选自《论语·子罕》。逝：消逝。舍：停止。

【译文】

消逝的时间，像流水一样呀！日日夜夜一刻不停地流去。

【赏析】

孔子站在河边上，望着滚滚流去的河水，触景生情，从内心深处说出了这句话。感叹时间如流水一去不复返，提醒人们要珍惜时间，分秒必争。正如那句流传千古而不衰的名言：“一寸光阴一寸金，寸金难买寸光阴。”我们现在读来，仍有现实意义。作为社会组成的一个分子，要惜时如金，具有滴水穿石的顽强精神和永不自满的博大胸怀。把握时间，持之以恒，孜孜不倦追求科学文化知识，在国家的建设中发挥更大的作用。

后生可畏，焉知来者之不如今也？

【注释】

选自《论语·子罕》。畏：敬畏，敬服。焉：怎么。来者：未来的人，将来的人。

【译文】

年轻人是值得敬畏的，怎么能知道未来的人比不上今天的人呢？

【赏析】

前辈们常用“后生可畏”一词来称赞年轻人，既有希望，又有嘉勉。孔子认为年轻人在将来一定可以超过前辈，鼓励他们要抓住当前，及时努力，奋发进取，自强不息，以期有成，主宰未来的世界，推动社会发展。年轻人切不可半途而废，碌碌无为，浑浑噩噩，任时光流逝，虚度年华，直到年老的时候才后悔当初，这时就已经晚了。

三军可夺帅也，匹夫不可夺志也。

【注释】

选自《论语·子罕》。夺：改变。匹夫：古指平民中的男子。志：志向，意志。

【译文】

三军的统帅可以被夺去，却不可以强使一个男子汉的志向改变。

【赏析】

即使力量很强大的三军，由于种种原因，统帅也可以被夺去。虽然一个人的力量与三军相比微乎其微，可一个人一旦立定志向，便有了崇高的理想和坚定的气节，恪守信念，坚定意志，即使面对生与死的考验、巨大的利益诱惑，也能保持人格的尊严。正如《集解》中孔（安国）说："三军虽众，人心不一，则其将帅可夺而取之。匹夫虽微，苟守其志，不可得而夺也。"历史上有多少志士仁人，多少思想者，为爱国之志和民族气节抛头颅，洒热血，谱写了一曲曲壮丽的篇章。

岁寒，然后知松柏之后凋也！

【注释】

选自《论语·子罕》。岁寒：寒冷的冬天。凋：凋落，凋零。

【译文】

天气寒冷，这之后才知道松树、柏树是最后凋零的。

【赏析】

松柏不畏严寒，傲立风雪之中。孔子借此赞扬在乱世和逆境中，像松柏那样坚贞不屈，傲雪挺立，仍然保持崇高的尊严和气节的人们。在温暖的天气里，其他树木和松柏没有区别，都是郁郁葱葱，一片碧绿。到了严冬酷寒，其他树木一片凋落，经得起风霜雨雪考验的只有松树和柏树，它们历劫而不凋。人也如此，越是艰难困苦的恶劣环境，越能考验一个人的品质。孔子鼓励人们要像松柏那样耐寒，具有经冬不凋的品质，在任何严酷环境中都要坚持真理，不畏强权暴力，始终保持高尚的节操。

知者不惑，仁者不忧，勇者不惧。

【注释】

选自《论语·子罕》。知：同“智”，聪明，智慧。惑：迷惑。忧：忧虑，忧愁，担心。惧：害怕，恐惧。

【译文】

聪明的人不会迷惑，有仁德的人不会忧愁，勇敢的人无所畏惧。

【赏析】

孔子认为，聪明的人通达明理，明辨事非，懂得善恶，因此他不会被任何事情所迷惑。仁德修养好的人，大公无私，襟怀坦荡，立志追求仁道而不改其乐，因此忧愁不会出现在他身上。具备勇气的人，不畏强权，挺身而出，能勇敢地责难坏人，伸张正义，维护社会的公义，所以没有任何人或事可以使他畏惧。知者、仁者、勇者三种品格是代表孔子理想中的完美人格，也是孔子教育人们应该具备的三种道德品质。只有不惑、不忧、不惧，才能在任何环境中生活得有礼有节，才能在人生之路上一往直前。

过犹不及。

【注释】

选自《论语·先进》。过：过分，过头。犹：同。不及：赶不上。

【译文】

事情做得过了头和做得不够都是一样不好的。

【赏析】

孔子用“过犹不及”来评价子张与子夏两人做事情的态度。子张才高意广而好表现，往往做事有些过头。子夏性格忠诚谨慎，以致于不能放开手脚，事情总有欠缺。孔子认为二人做事都有缺陷，也体现了他的伦理思想核心——中庸之道。主张既不要超过，也不要不及，恰如其分，恰到好处，才中和，符合儒家的中庸之道，过分和不及都不合乎孔子要求的道德标准。孔子的这个说法至今还是人们为人处事的准则。

非礼勿视，非礼勿听，非礼勿言，非礼勿动。

【注释】

选自《论语·颜渊》。

【译文】

不合礼的不看，不合礼的不听，不合礼的不说，不合礼的不做。

【赏析】

颜渊请教孔子实施仁的具体细节，孔子指出了实行仁的四条纲领，则是不合礼的不看、不听、不说、不做。孔子认为自上而下，人人仁爱尊礼，约束自己，循礼而行，培养高尚的道德情操，时刻将仁付诸于实践，社会才能安定，人民才能安居乐业。以礼为纲，这种思想在今天仍然发挥着重要作用。

己所不欲，勿施于人。

【注释】

选自《论语·颜渊》。欲：想要，希望。施：加，施加。

【译文】

自己所不喜欢的，不要强加给别人。

【赏析】

仲弓施仁，孔子用此句进行勉励，表达了孔子的人与人之间应当平等、相互肯定和尊重的思想。当你做每一件事情时，先要反省，如果换了是我，我是否愿意别人这样做呢！如果自己不愿意，就不用这种作法来对待别人。能互换位置地去考虑问题，自我反省，推己及人，这便是仁人之心的表现，也可以使自己的心胸更为仁厚宽广，行为更加符合道德准则。这句话对今天的人们维护社会正义、处理好人际关系仍有很重要的作用。

内省不疚，夫何忧何惧？

【注释】

选自《论语·颜渊》。内省：内心深处检查。疚：内疚，惭愧。

【译文】

只要自己能问心无愧，就没有什么忧愁和惧怕了。

【赏析】

孔子教育人们，要想无忧无惧就要心怀坦荡、胸襟宽广，做事光明磊落、问心无愧。孔子认为作为君子，仁厚爱人，忠诚守信，好学求道，谦逊有礼，见义勇为，道德品质修养达到了至高的境界，自然会摆脱忧愁和畏惧的困扰。所以孔子说：“君子不忧不惧。”心底无私坦荡荡，无欲则刚，这可以作为本句的最好诠释。

君子成人之美，不成人之恶。

【注释】

选自《论语·颜渊》。恶：坏事。

【译文】

君子成全别人的好事，不促成别人的坏事。

【赏析】

这句话既是孔子对君子的赞美，又可以作为君子与小人的又一区别。有道德的君子对别人的好事积极支持或给予必要的帮助。君子自己好，更希望别人好，总是给人以衷心的鼓励，帮助别人实现目标，自己也能得到精神上的快感。对于别人的坏事，给予诚心的开导、规劝，从不幸灾乐祸。君子从来不嫉妒别人，也不会损人利己，反而是宽厚待人，诚实有信，团结友爱，处处为他人着想。我们应该以此为楷模，学习他们的品质和精神。

名不正，则言不顺；言不顺，则事不成。

【注释】

选自《论语·子路》。名：名称，名分。言：说话，说。顺：顺理，合理。

【译文】

要知道名分不正，说话就不会顺理成章；说话不顺理成章，事情就办不成。

【赏析】

做事合乎礼节、名实相符一向是孔子的主张。这番话是孔子在卫国，针对卫出公与其父蒯聩争夺君位有感而发。当时社会秩序混乱，礼崩乐坏，违反道德原则的事时有发生，所以孔子发出了“名不正则言不顺、言不顺则事不成”的感慨。希望通过正名来维护社会的安定、礼乐的兴起，使人人能循礼而行，匡正社会风气；强调要有正当的名分，才会顺理成章把事情做成功。成语“名正言顺”即出于此。古代人是讲究名正言顺的，如今它更应成为我们做事的准则。

其身正，不令而行；其不正，虽令不从。

【注释】

选自《论语·子路》。正：正派，正直。令：命令，法令。

【译文】

居上位的人本身行为正派，不用命令，人民就会自觉遵照去做；本身行为不正派，就是强制性命令，人民也不肯听从。

【赏析】

孔子强调了以身作则的重要性，告诫为政者都要以自己的表率作用来教育感化人民，体现以德为政、以礼治国的仁政思想。由于当时社会上政令繁多，各种法规不断出现，可是为政者本身行为不正派。面对如此现象，孔子便提出了只有端正自己，才能端正别人，言教不如身教的主张。对于政策法令的出台，为政者首先要身体力行地去带头实践，并不断提高道德修养，规范自己行为，引导社会风气，人民自然也不敢越轨。唐太宗在位时，也有“若安百姓，必须先正其身”的思想，所以出现了“贞观之治”的太平盛世。这句话如今仍值得我们学习，以提高我们的修养。

苟正其身矣，于从政乎何有？不能正其身，如正人何？

【注释】

选自《论语·子路》。苟：如果，假如。正：端正。何有：有什么困难？

【译文】

如果为政者能自己端正，对于治理国家有什么困难呢？自己不能端正，又能用什么办法使别人端正呢？

【赏析】

先正自身，而后治国，孔子一直把它当成治国的一个根本原则而加以强调。他认为居上位者能以身作则，起模范带头作用，人民自然会守礼守道，安分守己。如果为政者奢侈淫佚，贪婪无耻，为所欲为，那又怎么能扫除社会上的歪风邪气？所以，为政者必须每天自省，约束自己的行为，只有在人民的心中成为一个典范，这样人民才会信任你、拥护你。

欲速，则不达；见小利，则大事不成。

【注释】

选自《论语·子路》。欲速：图快。达：到达，达到。

【译文】

求快反而达不到目的，贪于小利则难成大事。

【赏析】

当时担任莒父宰官子夏向孔子求教政事，孔子教育子夏凡事要从大处着眼，目光远大往往是成功的开始，按事物发展的客观规律办事，但不能只顾眼前利益，急于达到目的，因小而失大。欲速与见小利，只是表现形式的不同，其实质都是出于私心。求快是看到眼前小利，为了表现自我，急于做出成绩，显出成效，在功劳簿上着墨一笔，缺乏高瞻远瞩的目光，违背事物发展规律。其结果是求快反慢，贪小利而误了大事；想轰轰烈烈，反而毫无建树。

孔子的至理名言，至今还有许多人把它当成做事的准则，指导自己的行动。

君子耻其言而过其行。

【注释】

选自《论语·宪问》。耻：羞耻。过：多，超过。

【译文】

君子以说得多、做得少为羞耻。

【赏析】

言行一致是君子的美德，三思之后再办事才是与道德相符的。若口若悬河，夸夸其谈，而事实上根本不做或没有做到，都是言过其行、言过其实的表现。所以孔子说，君子以自己的言语超过自己的行为为可耻。主张少说空话，多干实事，宁可先做出成绩，也不留在口头讲漂亮话。要做到言出即行，说出便做到，用事实结果说话，取信于人，这样才会得到大家的肯定。

以直报怨，以德报德。

【注释】

选自《论语·宪问》。怨：怨恨，直：公平正直。

【译文】

应该用公平正直来回报怨恨，以恩德来报恩德。

【赏析】

对待德与怨，要用适当的方法。孔子主张应该用公平正直来回报怨恨。对自己坏的人，我们不能以恶制恶或以暴制暴，怨怨相报，这样不仅使自己的做人原则丧失，甚至会使自己堕落成与坏人一样的人。但这并不意味着对犯错之人无所惩罚，而是要明辨是非，应以正直无私的态度去惩罚，使他能改过迁善，用善行弥补过错。对于自己有恩德的人，当然毫无疑问的是以恩德来回报恩德。爱憎分明，明辨善恶，分清是非，一向是孔子所提倡的做人原则。但不能用过分和不及的方法去处理怨，而应以坦荡的胸襟和良好的修养去公平正直地去回报怨恨。

志士仁人，无求生以害仁，有杀身以成仁。

【注释】

选自《论语·卫灵公》。生：生存，生命。害：损害，危害。杀身：牺牲生命。成：成就，成全。

【译文】

有志之士和仁德的人，决不会为了保全生命而损害仁，为成就仁而不惜牺牲自己。

【赏析】

孔子教导人们人生的目的就是行仁，为了求仁要具有牺牲精神。就生命意义而言，孔子用一个道字来概括，道也就是仁。他强调“死守善道”，意思是为此而牺牲生命，也是无所遗憾的。的确，一个人为之值得奋斗的理想而死，那才是死得有价值。所以说，为了仁，决不会为了贪生怕死而损害仁，宁肯牺牲也在所不辞。在这种思想的影响下，中国历史上出现了无数“杀身成仁”的英雄人物。从古代的屈原、文天祥到近代的谭嗣同、秋瑾，再到现代的董存瑞、邱少云，都用生命谱写出一曲曲壮丽的乐章，实践了孔子“志士仁人”、“杀身成仁”的名言。

工欲善其事，必先利其器。

【注释】

选自《论语·卫灵公》。工：工匠。器：工具。善其事：做好工作。

【译文】

工匠想把活计做好，必须先把工具备好。

【赏析】

要做好工作，先要使工具锋利。孔子用此话就是强调了准备工作的重要性，又是说出了求仁之道。一个人要培养良好的仁德修养，除自己勤奋努力外，还要结交有仁德的良师益友，互相交流，互相帮助，以达到至高境界。其他任何事情也如同此理，有了精良的工具，就会取得事半功倍的良好效果。生活在现在的人，也要把这句名言融入到实际的工作中，使其发挥巨大的作用。

人无远虑，必有近忧。

【注释】

选自《论语·卫灵公》。远虑：长远的考虑。近忧：近期的忧患。

【译文】

一个人没有长远的打算，一定会有眼前的忧患。

【赏析】

至今，人们还常常引用孔子这句名言。凡事要对未来深思远虑、详尽周全，以防出现各种情况，到时措手不及。要作长远打算，高瞻远瞩，不要目光短浅，计较眼前得失，否则朝不保夕，近忧不可避免。这是孔子教育人们要居安思危，防患于未然，有了充分的思想准备，对任何事情都能游刃有余，做到万无一失。对国家、对集体、对家庭、对个人都是如此。只顾眼前，被眼前之事所蒙蔽，不顾未来，以致出现问题后才心慌意乱、手足无措而终究一事无成。

躬自厚而薄责于人，则远怨矣。

【注释】

选自《论语·卫灵公》。躬：亲自，亲身。躬自厚：自己做事踏实，指多责备自己。薄：少。远：远离。

【译文】

多责备自己而少责备别人，就可以远离怨恨。

【赏析】

对己严格要求，待人宽厚仁爱，是儒家道德修养的要求。孔子这句话对处理人与人之间的关系起着至关重要的作用。每个人自己做事踏实认真，从严要求，每日“三省吾身”，对照检查自己行为是否合乎道德规范，这样会对自身的修身养性大有益处。我们既要坦诚地指出别人的过失，又要用宽广的胸襟加以宽容，这样别人就容易与你相处相从。如此一来，人与人之间的怨恨就会减少到最低程度。所以说，严以律己、宽以待人是人们人格修养要做到的。

巧言乱德。小不忍，则乱大谋。

【注释】

选自《论语·卫灵公》。巧言：花言巧语。乱德：败坏道德。忍：忍耐。谋：谋略。

【译文】

花言巧语就会败坏道德。小事上不知忍耐，就会使大事受到破坏。

【赏析】

“小不忍，则乱大谋。”至今被有些人奉为座右铭，可见其魅力无穷。历史上的许多事例都可以作为其佐证。比如韩信忍受胯下之辱，司马懿笑受诸葛亮的妇人之饰等，都是小忍成就大事的典型例子。孔子认为，花言巧语能迷惑人乱德，所以深恶痛绝；主张坚持仁德，慎言多做，说话以诚信为主，为了大目标，遇事要忍让，不要因为小事影响大计的实现。一个成就大业的人，不仅要有广阔的心胸、乐观的态度，更要有忍耐力。

道不同，不相为谋。

【注释】

选自《论语·卫灵公》。道：主张，观点。谋：商议，谋划。

【译文】

不是同路人，就不能在一起谋划。

【赏析】

生活在世上之人，如果理想不同、主张不同，各行其道是最明智的选择。不顾客观实际，硬凑在一起，最终还是要分道扬镳。孔子所说的话反映当时的社会学风。到了今天仍然如此，只有志同道合的人在一起，才能齐心协力，成就大事。本句提醒人们交友办事要谨慎小心，不要盲目而为，志同道合才是合作成功的基础。

益者三友，损者三友。友直，友谅，友多闻，益矣。友便辟，友善柔，友便佞，损矣。

【注释】

选自《论语·季氏》。损：有害。谅：诚信。便辟：逢迎谄媚。善柔：善于奉承。便佞：花言巧语、阿谀逢迎。

【译文】

有益的朋友有三种，有害的朋友有三种。同正直的人交朋友，同信诚的人交朋友，同见识广博的人交朋友，这是有益的。同逢迎谄媚的人交朋友，同当面恭维背后毁谤的人交朋友，同惯于花言巧语的人交朋友，这是有害的。

【赏析】

人生不可能没有朋友，交友不可不慎，要懂得交友之道。朋友就像一面镜子，既可以反映出人的兴趣、志向和品味，又可以督促人奋发向上，走向美好充实的人生。与诚实守信的人交友，能以道义相许，能知道自己的错误，并能改正过来，在正确的人生道路上携手共进。与见识广博的人交友，能启发人的观念，开拓视野，使事业知识日渐提高，并能使自己胸襟广阔，使自己在人生的广阔天地中大有作为。若与便辟柔佞之人相处，则是花言巧语，逢迎谄媚，不能为善行仁，骄傲自满，导致自己利令智昏，对人生对事业百害而无一利。所以交友必须慎重而有所选择。

君子有三戒：少之时，血气未定，戒之在色；及其壮也，血气方刚，戒之在斗；及其老也，血气既衰，戒之在得。

【注释】

选自《论语·季氏》。戒：警惕，戒备。得：指贪求名誉、地位、财富等。

【译文】

君子要戒备三件事：年少时，血气没有稳定，要警惕事物的诱惑；到了壮年血气方刚，要警惕争胜好斗；到了老年，血气已衰，要警惕贪得无厌。

【赏析】

人生在不同的年龄段，都有不同的应警惕的事情。对君子不仅要从做人道德上给以要求，而且也要从人的生理特征给予警戒。少年的时候血气未定，容易被事物所诱惑而一事无成；到了壮年，血气方刚，精力雄猛，遇事不让人，争胜好斗，容易惹祸；人到老了贪财怕死，觉得机会所剩无几，便拼命贪名贪利，贪得无厌，致使晚节不保，毁了一世英名。

性相近也，习相远也。

【注释】

选自《论语 · 阳货》。性：本性。习：后天习染。

【译文】

人的本性原是相接近的，由于后天习染的不同才相距甚远。

【赏析】

人的本性气质本来是相近的，但后来人与人之间习性差距越来越大是由于后天生活环境和所受教育的不同。孔子强调后天教育的重要性，关键突出“习”的影响。如果后天有良好的教育环境，通过学习修养学问道德，就可造就许多仁人君子。可见环境的熏染至关重要，因此也有了“近朱者赤，近墨者黑”和“习惯成自然”的说法。不同的环境可使性相近的人走上不同的人生道路。

色厉而内荏，譬诸小人，其犹穿窬之盗也与！

【注释】

选自《论语 · 阳货》。荏（rěn）：软弱，怯弱。窬（yú）：越墙，从墙上爬过去。

【译文】

外表声色严厉而内心怯弱，若用小人作比喻，就像个挖洞爬墙的小偷罢了！

【赏析】

孔子把小人比作盗贼，辛辣地讽刺当时社会上位高权重的假貌伪善者，表面威风八面，实际内心深处空虚畏惧。他们贪得无厌，以聚敛财利来满足私欲，内心常常怯弱，所以故作姿态，用威严假貌来掩饰慌恐不安的内心。道貌岸然，欺世盗名，缺乏真正的学问道德修养，与小偷毫无区别，要么乘虚而入，要么越墙入室盗得财物。孔子以此为例教育人们，为人处世要光明磊落，襟怀坦荡，做到名与实、言与行、表与里都一致，做到尽善尽美。

道听而途说，德之弃也。

【注释】

选自《论语·阳货》。途说：四处传播。弃：背弃。

【译文】

四处散播路途上听到的传说，这是对道德的背弃。

【赏析】

“耳听为虚，眼见为实。”这是流传千古的名言，它的意思是凡事要实事求是，以事实为依据；对传

【墨迹】册 局部［清］王翚 中国台北故宫博物院藏 55－3

【墨迹】册 局部 ［清］王翚 中国台北故宫博物院藏 55-3

言要仔细分析，探其究竟；在未弄清事实之前，不能妄加评论，四处传播，没有经过调查研究就不能随便发言。孔子告诫人们，仁德之人，不论做什么事，都要严谨认真，注重事实，深入求证，相信自己；在流言飞语面前，头脑清醒，明辨是非；没有确凿证据，不乱传播别人的话，那是违背道德的。

其未得之也，患得之。既得之，患失之。苟患失之，无所不至矣。

【注释】

选自《论语·阳货》。未得：没有得到职位。患得：害怕得不到。苟：如果。无所不至：无所不用其极。

【译文】

当他没有得到职位的时候，就怕得不到。已经得到了，又怕失去它。如果害怕失去，就无所不用其极。

【赏析】

自私自利，患得患失，忧心重重，孔子对小人这种卑劣心理再次进行了说明。他认为鄙夫整天担心得不到禄，一旦得到又害怕失去；为了不失去禄位，便无所顾及，什么寡廉鲜耻、阿谀谄媚、巴结权贵的勾当都干得出来。历史上有名的佞臣邓通，为了讨得汉文帝高兴，奉承吹捧以取媚文帝，所以文帝一言使邓通成为巨富。表里不一、毫无廉耻、背弃道德的一系列行为都是由于争夺私利的原因。孔子教育人们要引以为诫，做一个心胸坦荡、信守道德、无私奉献、为仁行善的正人君子。

唯女子与小人为难养也，近之则不孙，远之则怨。

【注释】

选自《论语·阳货》。唯：只有。难养：难以相处。孙：同“逊”，谦恭、有礼。远：疏远。怨：怨恨。

【译文】

只有女人和小人难得和他们共处。亲近了就会无礼，疏远他们就会怨恨。

【赏析】

古代社会以男人为中心，同时又用种种礼法来约束妇女，妇女常受轻视，地位低下，与当今社会不能相提并论。句中孔子所指女人，未必包括所有女人，由于古代社会有钱男人三妻四妾，奴婢成群，他们在大家庭里争名分，讨欢心，逐利益，明争暗斗，勾心斗角，矛盾重重，关系复杂难以调和，都是小人之见，所以孔子发出了“唯女人与小人难养”的感叹！对他太好，他们会得势有恃无恐，疏远了便怨恨终生。这句话在任何时代都有其教育意义，小到个人，大到国家，纵观历史有多少位重权高之人由于周围小人的原因，走向了历史的审判台，背叛道德，在历史上留下了可耻的一页。

往者不可谏，来者犹可追。

【注释】

选自《论语·微子》。谏：谏阻，劝说。追：改正。

【译文】

过去的已经无法挽回，今后的还可以改正。

【赏析】

孔子一生主张为政以德，以礼治国，但当时的执政者却对他的主张毫不采纳，不被人理解，更不用说得到重用了。这句话是劝喻孔子急流勇退，免遭祸害。楚国狂人接舆，深感孔子有志推行仁政治国之道，苦于处在乱世，国家政治无道，难以实现志向，便唱道："已过去的行为不可谏阻劝说，未来的还来得及改正，避开乱世，以求隐居算了；国家政治腐败，世道混乱，不必白费心机，徒劳无功。"这也诚恳地告诫人们那如烟往事是无法追回的，正确地把握未来才是最重要的，为了理想，无所谓得失。

望之俨然，即之也温，听其言也厉。

【注释】

选自《论语·子张》。俨然：庄重的样子。即：走近，接近。温：温和。言：说话。厉：严厉。

【译文】

远远望着他，庄严可畏；接近他，温和可亲；听他说话，觉得很严厉。

【赏析】

君子的素质很高，从不同角度观察他们也是有变化的。他认为君子在外表态度，庄重严肃，行为严谨，好像拒人于千里之外，常常使人望而生畏，比较难以接近。其实，当你接近他的时候，觉得他温和可亲，处处关心理解人，充满了无限的温情。可是，当你听他说话时，在原则问题上严肃不苟，毫不马虎。这既是子夏对君子修养提出的要求，也是在教育人们应注意培养情操。

仕而优则学，学而优则仕。

【注释】

选自《论语·子张》。仕：做官。优：有余力。

【译文】

官做好了，有余力就去学习；学习好了，做官也就游刃有余了。

【赏析】

学习和做官并不矛盾，在子夏眼中，做官和做学问只是道理相同而形式不同的事情而已，所以，做官首先把自己该做的事竭尽其力地做好，有余力再继续研习学问，通过学习修身养性，提高道德修养，增强为官能力。研习学问首先要勤奋努力，发愤忘食，追求学问精益求精。如果学习学得好了，有余力的话可以去做官，在自己的职位上发挥自己所学，在天下广施仁政。所以子夏首先说“仕而优则学”自有其道理。可是后来人们只强调“学而优则仕”，这是片面的。

君子惠而不费，劳而不怨，欲而不贪，泰而不骄，威而不猛。

【注释】

选自《论语·尧曰》。惠：恩惠。费：耗费，浪费。劳：劳苦，烦劳。怨：怨恨。贪：贪婪，贪欲。泰：安舒，舒泰。威：威严。猛：凶猛。

【译文】

君子施惠于人民，自己却不浪费；使用人民，人民却不怨恨；自己有所追求，却不贪婪；安舒矜持却不骄傲；有威严但不凶猛。

【赏析】

君子的这五条美德既是圣人的为政之道，也是孔子的治国思想。孔子认为为政者要使天下百姓人心归服，就得不断修养道德，勤勉为政，克制私欲，宽以待民，减少赋税，实行富民政策，节用爱民，让人民在实际中体会仁政的益处，得到实惠。关心爱护人民，为人民多办实事，做到这些自然会得到人民的拥戴，不用为政者强制施令，民众自然执行。

《孟子》

填然鼓之，兵刃既接，弃甲曳兵而走，或百步而后止，或五十步而后止。以五十步笑百步，则何如？

【注释】

选自《孟子·梁惠王章句上》。填：象声词，形容鼓声。鼓：动词，击鼓。刃：锋刃。既：已经。接：接触。弃：扔掉。曳（yè）：拖着。走：跑，这里指奔逃。或：有人。止：停止。

【译文】

战鼓咚咚一敲响，手执兵刃的士兵们便开始了战斗。刚一交战，有人就抛下盔甲拖着武器往后跑，有的人跑了一百步才停下来。有的人跑了五十步停下来了。跑了五十步的人就嘲笑跑了一百步的人胆小，您觉得怎么样？

【赏析】

孟子用打仗作形象的比喻，劝谏梁惠王不要像五十步笑一百步的人那样，认为自己的行为还不错，而应认真反省，关心人民疾苦，推行仁政，付诸实行，造福人民。老百姓生活安定了，没有后顾之忧了，自然会拥护君王的统治。其实孟子这段话说给梁惠王的同时，也是告诫人们，明明自己和别人犯有同样的缺点或错误，只是程度不同而已，但性质没有什么区别，可还讽刺讥笑别人。这种人不要自以为是，应该深刻反思，好好修身养性，培养理想人格。这段话也是成语“五十步笑百步”的出处。

吾力足以举百钧，而不足以举一羽；明足以察秋毫之末，而不见舆薪。

【注释】

选自《孟子·梁惠王章句上》。钧：三十斤为一钧。足以：助动词，足够，能够。秋毫之末：秋天禽兽毛的尖端。舆薪：一车柴火。

【译文】

我的力气足够举起三千斤重的东西，却拿不起一根羽毛；目力能够把秋天鸟的细毛看得分明，却不能看到一车子柴火。

【赏析】

齐宣王以羊易牛说明他是一位有仁术的君主，孟子以此比喻层层深入，以能举百钧的人说拿不起一根羽毛和明察秋毫的人不可能看不见一车子柴火为例，意在说明不是无力或看不见，只是不肯用力或不想看而已。他指出齐宣王对一头牛都能发善心不杀，而人民并没有得到君王的恩惠，仍然过着饥寒交迫的贫困生活，原因是国君没有关心爱护人民的心，实行仁政不是能力不及，而是心未至，未付诸实际。

挟太山以超北海，语人曰："我不能。"是诚不能也。为长者折枝，语人曰："我不能。"是不为也，非不能也。

【注释】

选自《孟子·梁惠王章句上》。挟：以腋持物。北海：即渤海。折枝：折取树枝。

【译文】

把泰山夹在腋下跳过渤海，告诉人说："我不能做到。"这确实是不能做到。替老年人折取树枝，告诉人说："我做不到。"这不是做不到而是不肯去做。

【赏析】

这段话是孟子在齐宣王实行仁政的问题上，对"不能"和"不为"做的进一步阐述。又以挟泰山跨渤海和折取树枝为例，说明前者能力不达，并非不愿去做；后者是不肯做，而不是没有能力。他认为齐宣王有能力实行王道仁政，只是不肯做而已。

孟子回答的治国问题，反映了他的民本思想，因为他认识到一个君主能够坐稳宝座，就意味着国家要安宁，就得使人民过上安定的生活。孟子也是借此比喻，希望人们多做些力所能及、举手之劳的事情，少说些空话。

老吾老，以及人之老；幼吾幼，以及人之幼。

【注释】

选自《孟子·梁惠王章句上》。老吾老：前者“老”字是动词，尊敬；后者名词。幼吾幼：前者“幼”是动词，爱护；后者是名词。

【译文】

尊敬自己的长辈，从而推广到尊敬别人的长辈；爱护自己的儿女，从而推广到爱护别人的儿女。

【赏析】

尊老爱幼是中华民族的传统美德。孟子的伦理道德学说，是孔子思想的继承和发展。他认为，恻隐之心是仁爱的基础，为仁行善就是推己及人，由近及远。所以他向齐宣王推行他的政治哲学的最高理想——王道与仁政。如果齐宣王施行仁政能从自身做起，然后推行到全国人民，每个人尊敬自己的长辈及他人的长辈，爱护自己的儿女推及到他人的子女。做到这些，治理国家就易如反掌，人民也能安居乐业。

乐民之乐者，民亦乐其乐；忧民之忧者，民亦忧其忧。

【注释】

选自《孟子·梁惠王章句下》。乐：快乐。忧：忧愁。

【译文】

以人民的快乐为自己快乐的人，人民也会以他的快乐为自己的快乐；以人民的忧愁为自己忧愁的人，人民也会以他的忧愁为忧愁。

【赏析】

这段话是孟子在行宫受齐宣王接见时所发的议论。有了优越的环境谁都会快乐，谁都希望得到快乐的享受。问题的关键是一般老百姓没有条件得到享受，但作为君主，能以人民的快乐为己之快乐，人民也就会以君主的快乐为快乐；君主能以人民的忧愁为自己的忧愁来关心解决，那么人民一定也会以君主的忧愁为自己的忧愁去尽忠。这也就是说，与民同忧、同乐，时刻装着人民，关心爱护人民的君主必然会受到人民的拥戴。孟子这句话时至今日仍具有借鉴作用。

宋人有闵其苗之不长而揠之者，茫茫然归，谓其人曰：“今日病矣！予助苗长矣！”其子趋而往视之，苗则槁矣。

【注释】

选自《孟子·公孙丑章句上》。揠：拔。茫茫然：疲劳的样子。病：疲惫。其人：家人。

【译文】

宋国有一个人老是嫌禾苗长得慢，于是便动手把禾苗拔高些，结果十分疲倦地回去，对家里人说：“今天累坏了！我帮助禾苗生长了！”他儿子赶快跑去一看，禾苗都干枯了。

【赏析】

《孟子》一书中有大量的比喻，不管是类比推理，还是形象化的比喻，目的都是通过浅显易懂的比喻说明富有哲理性的道理。他用拔苗助长的故事，比喻违反事物的发展规律，一味地急于求成，结果得不偿失，反而坏事。宋人违反禾苗生长规律，不从精耕细作着手，而是投机取巧，急于收获，违背规律地去帮助禾苗生长，致使禾苗全部干枯，最终一无所获，这种助长行为百害而无一利。孟子教导人们，凡事要遵循事物发展的客观规律，不顾事物本身特点乱辟捷径，只会自食其果。今天人人皆知的成语“揠苗助长”便源于此。如果这种类型的人生活在今天，那更将受到人们的耻笑。

出于其类，拔乎其萃，自生民以来，未有盛于孔子也。

【注释】

选自《孟子·公孙丑章句上》。类：同类。萃：群，聚。

【译文】

他产生于这个人群中，但远远超出了他们那一类，大大高出了他们那一群。自有人类以来，没有比孔子更伟大的人了。

【赏析】

孔子和孟子都是儒家学派的代表，孟子在孔子的思想上有所发展。在这段话里，孟子表达了他对圣人孔子的崇拜之情。子贡说：“看见一国的礼制，就了解其政治；听到一国的音乐，就知其德教，任何一个君王都不能违离孔子之道。”孟子又用麒麟与走兽、凤凰与飞鸟、大山与土堆、河海与小溪来比喻圣人与百姓的不同之处，用“出乎其类，拔乎其萃”来称赞孔子，感叹自从有人类以来还没有比孔子更优秀、更伟大的人啊！今天人人耳熟能详的成语“出类拔萃”便源于此。

天作孽，犹可违；自作孽，不可活。

【注释】

选自《孟子·公孙丑章句上》。孽：坏事，罪过。违：避。活：逃。

【译文】

天降的灾祸还可以躲避，自己造成的罪孽是无法逃脱的。

【赏析】

自然灾害，人们可以去躲避、去抵抗，比如天降大雨、河流泛滥。洪水肆虐如毒蛇猛兽威胁着人民的生命财产安全，人们可以团结一起，万众一心，齐心协力战胜洪灾。可是人自己缺乏道德修养，没有仁义之心，不用道义约束，为政者施不仁之政，生活奢侈糜烂，聚敛财物无止境，丝毫不顾人民的生活疾苦，最后导致败家亡国，这是咎由自取。任何事情，有因必有果，治国之道和为人处事同一道理，抛弃仁德，丢掉原则，为所欲为，只会走向自取灭亡之路。孟子的这句千古名训是在讲“多行不义必自毙”这个道理，我们也应时刻用它警诫自己。

无恻隐之心，非人也。

【注释】

选自《孟子·公孙丑章句上》。

【译文】

没有同情之心的人，不能算是人。

【赏析】

孟子认为，不忍之心是人人都有的。如果一个人对别人的遭遇，视而不见、听而不闻、麻木不仁，连最起码的同情心都没有，那他就不能算是人了。其实，同情之心是人本能的自觉感受，并不是因什么目的或利益驱使。孟子非常重视这种感受，认为人心本来就有向善的要求，一个人只要对“孺子入井”还有感受能力，就能发出恻隐之心，就有希望用行动去实践仁德。有了恻隐之心，就说明有了仁的开始，再通过勤奋学习，修养学问道德，培养高尚情操，就会在日常工作生活中处处有仁爱的行动，所有为仁的善行都是出自于最初的恻隐之心。正像孟子说的：像刚刚焚烧的火终不可扑灭，刚刚流出的泉水终必汇为江河。

恻隐之心，仁之端也；羞恶之心，义之端也；辞让之心，礼之端也；是非之心，智之端也。人之有是四端也，犹其有四体也。

【注释】

选自《孟子·公孙丑章句上》。端：萌芽，开端。

【译文】

同情之心是仁爱的萌芽，羞耻之心是道义的萌芽，推让之心是礼仪的萌芽，是非之心是智慧的萌芽。一个人有这四种萌芽，好比他有手足四肢一样。

【赏析】

孟子在此讲了仁、义、礼、智这四种道德意识，认为它们是人的四种认识能力的来源。仁爱是人性的自然流露，仁是在实际生活中表现出来的情绪，也就是恻隐之心，即人们常说的同情心。仁爱不附带任何条件，完全出于人的本性，至于义和仁一样都是人的内在主观的道德情操，君子知道羞耻，所以做事都以义为标准，符合义的就为之，不符合义的就不为。孟子把辞让和恭敬看成是礼的发端和中心内容，在人际关系中，礼仪最好的表现莫过于辞让和恭敬之心了。就智而言，是指人的智慧和判断是非的能力，明辨是非是一切道德修养的基础。所以孟子强调，将这四种萌芽扩充，就可以“若火之始燃，泉之始达”。

其为气也，至大至刚，以直养而无害，则塞于天地之间。

【注释】

选自《孟子 · 公孙丑章句上》。

【译文】

那一种气，最伟大，最刚强。用正义去培养它，一点不加伤害，就会充满天地宇宙之间。

【赏析】

孟子对内心的道德修养十分重视，为此，他说过“吾善养吾浩然之气”。他所说的气便是极其伟大、极为刚强的那种气，必须与义及道相配合。缺乏它，气也就会萎缩。那种气是由正义之举的长期积累所产生的，不是偶然的正义行为所能取得的。哪怕有一件事有愧于心，那么他的那种气就要萎缩了。气原是人体所具有的，人人都有气，但浩然之气由思想意志修养而成，并达到了至高境界。人的思想意志若集中于求道为仁，就会以具体行动去加以完成，日积月累，必会有所成就。所以说，不是人人都能达到如此境界。至今，人们仍把浩然正气当成是培养道德修养的一个高标准。

人告之以有过，则喜。

【注释】

选自《孟子·公孙丑章句上》。

【译文】

听到别人指出自己的过错，就感到高兴。

【赏析】

古人对改过非常看重，将其视为自省和修身的重要方面。“金无足赤，人无完人。”这句话的意思是人人都有不足之处，问题是要有正确的态度对待别人所提的意见。有了“有则改之，无则加勉”的精神，即使别人的批评欠于妥当，也要给予足够的重视，引以为戒，防止日后再犯同样的错误。《左传》中说：“人谁无过？过而能改，善莫大焉。”孟子赞扬子路是个谦虚的人，能闻过则喜。孟子教育人们，要像子路那样有改过的最高境界，勇于改错，不断修正自己的言行，把自己培养成有道德的人。这也是“闻过则喜”这个成语的来源，后人常用这个成语来勉励人们不仅要知错能改，还要乐于接受他人的批评、指正。

善与人同，舍己从人，乐取于人以为善。

【注释】

选自《孟子·公孙丑章句上》。善与人同：即与人同善。舍：抛弃。从：接受。

【译文】

对于行善，没有别人和自己的区分，抛弃自己的不对，接受人家对的，非常快乐地吸取别人的优点来做好事。

【赏析】

孟子把取人之善，作为提高个人道德修养的一个重要途径；把能否与人为善，作为个人道德品质高尚与否的一个重要标志。对于一件好事，要不分你我，愿与别人共同完成，积极主动地学习别人的优点来做好事，抛弃自己的缺点，不断修正自己的言行，完善自我。可见孟子的道德修养方法，并不仅仅是向内自我修养，他也注重从处理人际关系面，来提高人们的道德水平。

君子莫大乎与人为善。

【注释】

选自《孟子·公孙丑章句上》。

【译文】

君子最高的德行就是和别人一起行善。

【赏析】

在这句话中，孟子阐述了与人为善的意义。所谓与人为善，即积极主动地学习别人的优点来行善。他以舜为例，指出舜之所以能够从一个普通百姓变成为最高统治者，完全是因为他乐于吸取别人的优点，借鉴别人的善行，抛弃自己的错误来改善自己的行为。舜之所以能成为天子，有非凡的成就，他没有一处优点不是从别人那里吸取来的。所以孟子说，君子与人为善不仅是最高的德行，也是待人处世应遵循的一条基本的原则。至今，这句话已演变成“与人为善”这一成语，仍然指导着现代人的行为。

天时不如地利，地利不如人和。

【注释】

选自《孟子·公孙丑章句下》。

【译文】

有利的作战时令比不上有利的作战地形，有利的作战地形比不上人心所向。

【赏析】

天时、地利、人和三者在先秦典籍中经常出现并连用，《孟子》中说过，《尉缭子》和《荀子》中也说到过。孟子在这里明确指出，战争的胜败，人是最关键的因素。他认为天时在战争中根本不起什么决定性作用，与地利条件不能相比，更不用说与人和了。在战争中，高城深池等防御工事，包括精良的兵器和丰富的给养存储，与人和相比，就显得无关紧要。士兵能够有同仇敌忾、一致对敌的高昂士气才是致胜的关键。这一句话体现了孟子的"仁政"和"以民为本"的思想。孟子认为民贵君轻，他主张的是施仁政以得天下，"君子有不战，战必胜矣"，"人和"正是孟子"仁政"的一个方面。

得道者多助，失道者寡助。

【注释】

选自《孟子·公孙丑章句下》。得道：指治国之道，即行仁政。助：帮助。寡：少。

【译文】

行仁政的人帮助他的人就多，不行仁政的帮助他的人就少。

【赏析】

在孟子眼中，内部团结、上下一心，即达到

所谓的"人和"才能国家兴盛。要达到人和的境界，就必须实行仁政，善待人民，施惠于民，取信于民，获得民心，获得人民的支持和拥护，即"得道者多助，失道者寡助"。得道能使万众一心发展生产、强国富民。人心的向背、士兵的斗志乃至战斗的胜负完全取决于是否得道。得道便得人和，其重要性远远胜过天时、地利，即他所说的"天时不如地利，地利不如人和"。得道，全天下的人都帮助他；失道，连亲戚朋友也会背叛他。说明有道便人和，人和则万事兴、国势强。无论是在治国、治家还是立身方面，孟子的这番话都是很有教育意义的。

古之君子，过则改之；今之君子，过则顺之。古之君子，其过也，如日月之食，民皆见之；及其更也，民皆仰之。今之君子，岂徒顺之，又从为之辞。

【注释】

选自《孟子·公孙丑章句下》。食：蚀。仰：抬头望。顺：将错就错。

【译文】

古代的君子，有了过错，随即改正；今天的君子，有了过错，竟将错就错。古代的君子，他的过错好像日蚀月蚀一般，老百姓个个都看得到；当他改正的时候，个个都抬头望着。今天的君子，不仅将错就错，并且还编造一番假道理来为错误辩护。

【赏析】

孟子十分赞赏古代的君子，因为他们不仅光明磊落，注重个人道德修养，而且还善于反躬自省，发现自己的过失，并及时加以改正。孟子批评今天的君子，因为他们为人做事浮躁，不注重修身养性，有了错误也不改正，反而遮遮掩掩、将错就错，甚至为其错误辩护而编造种种理由，强词夺理。因此，他特别强调作为君子，在道德上应有更高的要求。培养高尚情操必须要自我反省，清醒地认识自己行为的不足，防微杜渐，勇于改正错误，不断修正自己的言论和行为，使自己的道德学问修养更加完善。

上有好者，下必有甚焉者矣。

【注释】

选自《孟子·滕文公章句上》。好：喜好，爱好。甚：超过，更加。

【译文】

在上位的有什么爱好，下面的人一定爱好得更加利害。

【赏析】

孟子的这句话强调了居上位者对下属有相当大的影响。孟子将上级与下级之间的关系比喻为风和草。他认为，在上的人的行为作风好像风，下级的行为作风好像草，草闻风而动，随着风的方向而不断调整自己的方向。由此可以看出，上级的道德品质修养及工作作风对下级起着至关重要的作用，如果上级能以身作则、廉洁奉公，工作勤勤恳恳、雷厉风行，那么下级就会安分守己、兢兢业业。如果上级贪婪奢侈、品行不端，那么下级就会肆无忌惮、无所顾及。所以，上级的道德品质及人格情操，一言一行、一举一动都成为下级的仿效榜样，直接影响着世风习俗的形成。于古于今，是高层统治者还是中层领导者，要想树立良好的社会风气或是行为规范，都要身体力行、严于律己，为下级做表率。

为富不仁矣，为仁不富矣。

【注释】

选自《孟子 · 滕文公章句上》。

【译文】

要发财致富便不能仁爱，要仁爱便不能发财致富。

【赏析】

仁是儒家思想的核心，仁政更是孟子的理想治国方针，这些思想充分表现在他游历诸国时与各国君主的对话中。这句话便是孟子针对滕文公就如何治理国家的问题进行的回答。他认为，人民的生活状况是一个贤明君主最应关心的问题，宽以待民，轻刑罚，薄税收，让人民有一定的产业收入，让人民在施仁政中得到实惠，才是仁政的根本。他还引用阳虎的话“要致富便不能仁爱，要仁爱便不能致富”。这也是成语“为富不仁”的出处，后人多用这个成语形容贪官污吏或奸商。其实这句话在现在看来有点不够客观，现今社会竞争日益激烈，在不违反社会法律并符合社会道德的前提下，利用自己的艰苦努力和聪明才智来获取财富，也是正当而无可厚非的。

劳心者治人，劳力者治于人；治于人者食人，治人者食于人，天下之通义也。

【注释】

选自《孟子·滕文公章句上》。劳心：脑力劳动。治：统治。于：被。食：养活。义：原则。

【译文】

脑力劳动者统治别人，体力劳动者被人统治；被统治者养活别人，统治者靠人养活，这是通行天下的共同原则。

【赏析】

在本句中，孟子强调了社会分工不同的必然性。孟子认为由于社会工种的区别，各种活不可能集于一个人身上。有人耕种，有人纺织，有人陶冶，等等，除了这些体力劳动者外，又有人从事脑力劳动，由此便决定了人在社会上的不同地位，便提出了“劳心者治人，劳力者治于人”。当然，孟子这句话是对“神农之言者”许行的反驳，滕文公见到许行后放弃了之前的学说，奉行许行的学说，孟子也是从自己的政治立场，即仁政角度来反驳许行的。他认为君主不应该像农夫一样自己耕地，而要做一个“劳心者”。

父子有亲，君臣有义，夫妇有别，长幼有序，朋友有信。

【注释】

选自《孟子 · 滕文公章句上》。

【译文】

父子之间要亲爱，君臣之间要有礼义，夫妇之间要挚爱但还要有内外之别，老少之间要有尊卑之序，朋友之间要有诚信之德。

【赏析】

孟子认为，一个人，不仅要满足吃、穿、住、行等物质生活的条件，更要加强人伦道德的教育，提高道德修养，培养理想人格，使自己的行为都符合社会道德规范。他认为父子之间，父爱子、子尊父；君臣之间，君信臣、臣忠君；夫妻之间互爱互敬而又内外有别；老少之间，尊卑有序、尊老爱幼；朋友之间忠诚友爱，属守诚信。孟子在几千年前就认识到人伦道德教育的重要性，并一直影响着后世之人。

枉己者，未有能直人者也。

【注释】

选自《孟子 · 滕文公章句下》。枉：邪曲，不正直。直：正直。

【译文】

自己不正直的人从来没有能够使别人正直的。

【赏析】

“正人先正己”是我们常说的话。在日常生活及工作中，只有自己品行端正，正直无私，为人诚恳坦率，才能指出别人的缺点，别人才心悦诚服地接受并乐意加以改正。如果自己自私自利、投机取巧、言行虚伪、损人利己，要想教育别人，恐怕不但不会有效果，反而会遭到别人的指责。当然，孟子推行仁政，更多的是说给为政者，这对于处理君臣、上下级关系是非常重要的。为政者廉洁奉公、严格自律、克制私欲、光明磊落、以身作则，下级就会老老实实、安分守己，社会风气自然就会良好。“上行下效”等词语说的也都是这个意思。

富贵不能淫，贫贱不能移，威武不能屈，此之谓大丈夫。

【注释】

选自《孟子·滕文公章句下》。淫：迷乱。移：改变。屈：屈服，屈膝。

【译文】

富贵不能使他思想迷乱，贫贱不能使他改变志向，威武不能使他节操屈服，这样的人才称得上大丈夫。

【赏析】

孟子认为，作为大丈夫要想实现自身的价值，就必须积极培养自身的人格，将道德品质在行动中体现出来。意志是否坚定，从他能否抵御各种名利诱惑中可以看出。意志坚强的人，能独善其身，战胜各种威胁利诱；无视于荣华富贵的人，不为五斗米折腰，面对权势，昂首而视，毫不退缩。大丈夫应处于天下最能发挥作用的位置，那就是仁，要站在最正确的位置一边，行走于最光明的大道。得意时，能与百姓循道而进；失意时，也能坚持自己的人生原则。这就是孟子的理想人格。

离娄之明，公输子之巧，不以规矩，不能成方员；师旷之聪，不以六律，不能正五音；尧舜之道，不以仁政，不能平治天下。

【注释】

选自《孟子·离娄章句上》。离娄：相传为黄帝时人，目力极强，能于百步之外望见秋毫之末。公输子：鲁国人，因而又叫鲁班，中国古代巧匠。员：通“圆”。师旷：中国古代极有名的音乐家。

【译文】

有离娄的眼力、公输子的技巧，如果不用圆规和曲尺，也不能正确地画出方形和圆形；有师旷审音的耳力，如果不用六律，也不能校正五音；有尧舜的治道，如果不行仁政，也不能治理好天下。

【赏析】

孟子为推行仁政而四处奔波，不辞劳苦，为自己的主张耗费了一生的精力。在这段话中，孟子用比喻和排比来说明实施仁政、平治天下的道理。比喻形象，逻辑思维性强，有理有据，具有说服力，孟子的能言善辩和良苦用心在此可见一斑。成语“不以规矩，不能成方圆”便出自孟子这段话。现在人们用它形容做事得守规则。

是以惟仁者宜在高位。不仁而在高位，是播其恶于众也。上无道揆也，下无法守也，朝不信道，工不信度，君子犯义，小人犯刑，国之所存者幸也。

【注释】

选自《孟子·离娄章句上》。宜：助动词，表示理应如此，可译为应该、应当。道：义理，道德。揆：度。法：法律制度。工：工匠。度：尺。幸：侥幸。

【译文】

因此只有仁德的人应该处在高位。没有仁德的人处在高位，就会把罪恶传播给众人。在上没有道德规范，在下没有用法律制度自守，朝廷不相信义理，工匠不相信尺度，官吏触犯义理，老百姓触犯刑法，国家能存在，那真是侥幸了。

【赏析】

君主德行的修养在孟子的仁政理论中有很重要的地位。统治者的道德修养，不但影响到他的下属，而且还关系到他的政令是否能够行之有效，从而关系到国家兴亡等大问题。他的臣民都效仿他的言行，直接关系着社会风气的好坏。所以孟子强调只有仁德的人才能居于高位，不仁的人若居于统治地位便会导致人人无规矩、个个不守法，世衰道微、世风日下，国家难以存在。孟子的话，在今天仍值得为政者深思，克己奉公、身体力行为民做表率，这样才有利于国家的富强、民族的振兴。

爱人不亲，反其仁；治人不治，反其智；礼人不答，反其敬。

【注释】

选自《孟子·离娄章句上》。

【译文】

我爱人家，可是人家却不亲近我，那得反问自己，自己的仁爱还不够吗？我管理人家，人家却不受我的管理，那得反问自己，自己的智慧和知识还

【墨迹】册 局部［清］王翚　中国台北故宫博物院藏

【墨迹】册 局部 [清] 王翚 中国台北故宫博物院藏 55-4

不够吗？我有礼貌地对待别人，可是得不到相应的回答，那得反问自己，自己的敬意还不够吗？

【赏析】

孟子对人的道德品质修养十分重视，所以鼓励人们常常躬身自问，不断完善自我。他认为，任何行为如果没有得到预期的效果，都要反躬自责。自己一切行为都符合道德规范了，那么天下的人自然都会归向他。孟子从仁、智、礼三个方面强调自省吾身：仁是儒家伦理道德的思想核心，作为最高的道德原则，与人相处要付出爱心，若付出而没有得到亲近就要反省自己投入了多少仁爱；智慧和知识，作为求仁求德、识仁识德的途径，如果用在管理别人中没有取得良好的效果，就要反省自己的智慧和知识不够广博；在人际关系中，礼仪最好的表现莫过于辞让和恭敬之心了，若自己没有得到别人相应的回敬，也要反问自己做得够不够，并勉励自己达到更高的境界。

天下之本在国，国之本在家，家之本在身。

【注释】

选自《孟子·离娄章句上》。

【译文】

天下的根本在于国，国的根本在于家，家的根本在于人本身。

【赏析】

国与家是紧密相连而无法分割的一体，所以才有“国家”一称。孟子强调，要平治天下，就必须治国有道、政治清明，即天下的基础是国家。而国家富强、安定，则是以家庭和睦、家风仁厚纯朴为基础的。家庭是由每个成员组成的，每个人的品质道德修养又是道德家庭的基础，所以说，国和家相辅相成，家不能脱离国而独立存在。孟子用严密的逻辑说理，层层深入，说明国、家、人三者的关系。其实，回到根本，那就是国家的仁德政治、家庭的仁德风气、个人的仁德修养，都直接关系着社会的发展、繁荣、稳定。

夫人必自侮，然后人侮之；家必自毁，而后人毁之；国必自伐，而后人伐之。

【注释】

选自《孟子·离娄章句上》。

【译文】

人必先有自取侮辱的行为，别人才侮辱他；家必先有自取毁坏的因素，别人才毁坏它；国家必先有自己被攻打的原因，别人才攻打它。

【赏析】

孟子用“沧浪之水”的清与浊，比喻人的堕落及国家无道内乱全都是咎由自取。沧浪之水清时，人们洗帽带；浊时人们洗脚，这截然相反的结果完全是沧浪水自己的原因。为人也是如此，总是自己先迷失正路，才会招致别人的侮辱；总是自己先背叛家庭，才会给别人有可乘之机。国家无道，政治黑暗，内乱四起，敌人才会趁乱而入，从而导致国破家亡。因此，人们更应从孟子的这番话中深刻反省自身，时刻警醒自己。

桀纣之失天下也，失其民也；失其民者，失其心也。得天下有道：得其民，斯得天下矣；得其民有道：得其心，斯得民矣；得其心有道：所欲与之聚之，所恶勿施，尔也。

【注释】

选自《孟子·离娄章句上》。

【译文】

夏桀和商纣的亡国，是因为失去了他的百姓的支持；失去百姓的支持，是因为失去了民心。得到天下有一定的方法：获得百姓的支持，便获得了天下；得到百姓的支持有方法：得到民心，便得到百姓的支持了；得到民心也有办法：百姓想要的替他们积聚起来，百姓所厌恶的不要强加在他们头上，如此罢了。

【赏析】

孟子主张的仁政治国、民贵君轻的思想在这段话中得到了充分体现。孟子能言善辩，善于说理，用层层推进、环环相扣的写作技巧，并以桀、纣失天下为例，说明失天下的原因和得天下的方法，阐述了得民心者得天下、失民心者失天下的主旨。本段语言虽少但说理深刻，要求为政者要惠民、富民、善民、恤民、利民、爱民，把人民排在首要地位。

自暴者，不可与有言也；自弃者，不可与有为也。言非礼义，谓之自暴也；吾身不能居仁由义，谓之自弃也。

【注释】

选自《孟子·离娄章句上》。暴：害。有言：有善言。有为：有所作为。弃：抛弃。非：毁，破坏。由：行。

【译文】

自己残害自己的人，不能和他谈出什么有价值的言语；自己抛弃自己的人，不能和他有什么作为。说话诋毁礼义，这便叫做残害自己；自己认为不能以仁居心，不能由义而行，这便叫做抛弃自己。

【赏析】

孟子在孔子的思想基础上把仁进一步发展，坚持了孔子的义利之辨，反对了墨家的功利主义。他把义和仁联系起来，作为人类普遍道德意识和道德规范的两个基本点，深化了儒家伦理道德学说。他认为，仁是人内在的真实感情，对他人而言是爱与关怀。义是有效表达自己与人交往的真诚，如诚挚的语言、恰当的行为等。但有些人对自己内心的真情实感弃之不顾，自隐于空虚无聊的嗟怨之中，自暴自弃。对这种人来说，跟他说什么话都没有意义，因为他是在虚意应酬，即“言非礼义”。和自弃的人一起也做不出有价值的事业，因为他只是做样子，根本无意处仁行义。这就是成语“自暴自弃”的来源，与原意稍有不同的是现在人们用它来形容那些甘心落后、不求上进的人。

古者易子而教之，父子之间不责善。责善则离，离则不祥莫大焉。

【注释】

选自《孟子·离娄章句上》。责善：即责以善，译为拿善事责备。祥：善。焉：于是。

【译文】

古时候的人互相交换儿子来教育，使父子之间不因求其好而相责备。求其好而相责备，就会使父子之间发生隔阂；父子间一有隔阂，那么没有比这个更不好的事了。

【赏析】

古代有易子而教的习俗。孟子用这句话告诉人们，教育子女要用正确的方法。如果一味地求好，用正理正道要求儿子学善弃恶，但儿子未必就能马上做到，父亲的期望落空后，忿怒紧跟而来使感情受到伤害。况且儿子会想，难道您的一言一行都符合正理正道吗？如此下去，孩子会有逆反心理，就更加难以教育，只有从正面循循善诱、谆谆教导，客观的鼓励、耐心的批评，再加之亲情的抚爱以及宽恕与勉励，终会有其成效，从而亦避免了父子之间由责备而造成的疏远。否则，就是人生最大的不幸。天下那些望子成龙、望女成凤的父母们更应当深知此理，用正确的方式教育好孩子。

不孝有三，无后为大。

【注释】

选自《孟子·离娄章句上》。不孝有三：于礼有不孝者三事，阿意曲从，陷亲不义，一不孝；家贫亲死，不为禄仕，二不孝；不娶无子，绝先祖祀，三不孝。

【译文】

不孝顺父母的事有三种，其中以没有子孙为最大。

【赏析】

这句话为孟子所说，表面是在讲无子孙便不孝顺的道理，其实质是在讲义之理。以“舜不告而娶，为无后也”为例，说明权衡义的轻重的道理。由于无后为大，所以，舜以免无后而娶妻是为了维护更重要的义，无奈中放弃了相对违犯较轻的“不告而娶”。往往这种选择比较艰难，其难在无法不犯义，好歹犯义不是为了私欲，而是为了更高的义。如果不能真切地明辨，是难以有勇气做出选择的。因此，人们要仔细体味，才能理解孟子有关选择的深刻哲理。

君之视臣如手足，则臣视君如心腹；君之视臣如犬马，则臣视君如国人；君之视臣如土芥，则臣视君如寇仇。

【注释】

选自《孟子·离娄章句下》。之：若。如：像……一般，像……似的。国人：路人。

【译文】

国君把臣下看成自己的手脚，那么臣子看待国君就像心腹一样；国君看待臣子像犬马一样，臣子看待国君就像路人一样；国君看待臣子像泥土草芥一样，臣子看待国君就像仇敌一样。

【赏析】

孟子善用比喻说理。因果关系是世间任何事情都必然包含的关系，所以在君臣关系中也同样适用。滴水之恩当涌泉相报是中国人的传统美德。如果国君对臣下如自己手足一样关心爱护，臣下肯定会竭尽全力，为报知遇之恩甚至不惜舍弃生命。国君对臣子若以犬马一般使唤，臣子就会敷衍了事。如果国君没有仁义道德，无视臣子尊严，就会惹火烧身、自取灭亡。于古于今，孟子的话都适用并有很深的意义。人在人格上是平等的，工作的需要决定了岗位的不同。没有贵贱之分，只要互相信任、以诚相待，就能处理好上下级关系，那些为政者更应当深刻领会。

君仁，莫不仁；君义，莫不义。

【注释】

选自《孟子·离娄章句下》。

【译文】

国君若仁，便没有人不仁；国君若义，便没有人不义。

【赏析】

孟子强调了国君对人民有着相当大的影响。如果国君行得正、做得正，光明磊落、公正无私，那么人民就会信守道德，循礼而行，政治风气、社会风气自然也会良好。这句话实际上讲出了上行下效的道理，简单明了、浅显易懂、情切意深，时至今日仍具有极强的借鉴意义。

大人者，不失其赤子之心者也。

【注释】

选自《孟子·离娄章句下》。赤子：婴儿。赤子之心：纯一无伪之心。

【译文】

有道德的人，便是能保持那种婴儿般天真纯朴的心的人。

【赏析】

孟子认为人性本善。人最初的本性是美好的，而那些失去本心的人是因为他们原本纯洁的心灵受到了后天不良习惯的影响所致。而赤子之心未受到任何不良行为的影响，故而，仍保持着最初纯一无伪之心。但不失其赤子之心多么难能可贵！赤子天真烂漫、天真无邪、可爱有加，但社会如同染缸，生活在其中的人能做到出淤泥而不染，依然保持其最初的朴善之心，是多么可贵啊！

原泉混混，不舍昼夜，盈科而后进，放乎四海。

【注释】

选自《孟子·离娄章句下》。混混：滚滚，涌出之貌。科：坎，即坑，低陷的地方。而后：可译为才。乎：介词，相当于。

【译文】

有本源的泉水滚滚地涌出来，昼夜不止，填满了低陷的地方才继续向前奔流，一直流到海洋去。

【赏析】

孟子以水作喻，说明学习贵在循序渐进，随着知识的一天天积累，道德修养也会随之提高。君子的文采必须有本，即必须有坚实的内在根基，否则，虽有文采也只是昙花一现。有雄厚本源的流水，可以一直奔流到大海。而无本源的流水，在雨水充沛的时候，可能出现大小沟渠都充满的情况，但是，雨过天晴，沟渠马上干枯。这些就好像君子修道一样，并未达到真正的充实。那些真正有志于求道的君子对这种虚假不实的表面现象深感耻辱。孟子在此教育人们扎扎实实做学问、真心诚意地求道，实事求是地提高学问及道德修养；反对图有虚名、华而不实的作风。

周公思兼三王，以施四事；其有不合者，仰而思之，夜以继日；幸而得之，坐以待旦。

【注释】

选自《孟子·离娄章句下》。以：连词，可译为来、去。其：若，如。有不合者：其事或有所不合。

【译文】

周公想兼学夏、商、周三代君王的美德，来实践禹、汤、文王、武王所做的四件事；如果有不合于当时情势的，便抬着头思考它，白天想不好，夜里接着想；侥幸地得到了答案，便坐着等待天亮。

【赏析】

周公曾废寝忘食、夜以继日地思考，实践禹、汤、文王、武王事业的具体行为，孟子在此对他这种勤勉思政的敬业精神进行了称颂。有作为的仁君，都必须具备夏、商、周三代君王良好的道德修养，勤于思政、善于纳谏、任人唯贤，关心爱护人民，以天下为己任，努力不懈、毫不自满。人们对这样的君王一定会感恩戴德，忠心拥护。

可以取，可以无取，取伤廉；可以与，可以无与，与伤惠；可以死，可以无死，死伤勇。

【注释】

选自《孟子·离娄章句下》。

【译文】

可以拿，可以不拿，拿了就伤害廉洁；可以给予，可以不给予，给予了就伤害恩惠；可以死，可以不死，死了就伤害勇敢。

【赏析】

孟子在说明三个可与不可如何选择时，向我们阐述了出于常理的尊严而选择无取、无与、无死的道理。常理就是日常生活中大家认可的行为，定之为礼，以供遵行。有时常态行为亦可能有损于礼，而非常态的行为却恰当地表现、符合了礼，这就需要人们择善而行。孟子认为，取舍之道在可取与可以无取之际，以无取为好，无取有助于自勉自立，取了就会变成贪，有碍于廉洁。同样选择无与，君子爱人以德最重，意在勉励对方自立，不乱施恩惠。在可死与可以不死之际，选择不死，如果面对生活中的种种困难依然坚强，为什么还要轻易去死呢？否则就是死得无其所。孟子的一番说理，人们读后无不恍然大悟。

世俗所谓不孝者五：惰其四支，不顾父母之养，一不孝也；博奕好饮酒，不顾父母之养，二不孝也；好货财，私妻子，不顾父母之养，三不孝也；从耳目之欲，以为父母戮，四不孝也；好勇斗很，以危父母，五不孝也。

【注释】

选自《孟子·离娄章句下》。支：通“肢”。从：通“纵”。私：偏爱。为：使。戮：羞辱。很：即狠。

【译文】

一般人所认为的不孝有五种：手脚懒惰，不管父母的生活，这是一不孝；好下棋喝酒，不管父母的生活，是二不孝；贪婪金钱财物，偏爱妻室儿女，不管父母的生活，是三不孝；放纵耳目的欲望，使父母因此而感到耻辱，是四不孝；好逞勇斗殴，危及父母，是五不孝。

【赏析】

孝，既是父母子女之间的一种自然情感，也是中华民族的传统美德及行为准则和伦理规范。在儒家伦理思想中，孝是极其重要的内容，人的道德品质的优劣完全可以通过孝来体现。孟子认为不孝有五种：好逸恶劳、逍遥自在，不肯努力工作，置父母于不顾；沉迷于下棋喝酒、游乐人生，无视父母的需要；自私自利，积累财富，只顾妻子儿女，对父母视若路人；放纵自己，沉溺声色，使父母受辱；好勇斗狠，使父母终日恐惧、寝食难安。如果生有这样的子女，还不如没有，有了反而破坏社会道德。所以，为人者首先从孝做起才能谈及其他。孟子批评五种不孝，实际是从反面教育人们对照检查，修养理想人格，以便竭尽全力侍养父母。

鱼，我所欲也，熊掌，亦我所欲也；二者不可得兼，舍鱼而取熊掌者也。生，亦我所欲也，义，亦我所欲也；二者不可得兼，舍生而取义者也。

【注释】

选自《孟子·告子章句上》。

【译文】

鱼是我所喜欢的，熊掌也是我所喜欢的，两种东西不能同时拥有，就舍弃鱼去取得熊掌。生命是我所喜欢的，义也是我所喜欢的，两种东西不能同时拥有，就舍弃生命去取得大义。

【赏析】

孟子以鱼和熊掌不可兼得的道理来说明在“生”和“义”二者不可兼得之时，应坚决做到舍生取义，以实现自身的价值。当一个人的道德品质和价值取向无法回避的时候，人的本质就会完全暴露在人们的面前。决策时刻就是考验人的试金石。两种都有其自身价值的事物在发生激烈的矛盾冲突时，无法兼而有之，这时就要根据人的价值取向原则，决定取舍。当生与义只能选择其一时，要想实现人的自身价值，必须舍生而取义，不能为求生而害义，这是孟子的想法。因为孟子把人的自身价值实现的过程，看作是一个人的理想人格培养的过程，关键时刻的正确选择是理想人格的体现。所以，孟子这一思想千百年来激励着许多仁人志士，用自己的生命诠释自己的人生价值观。

虽有天下易生之物也，一日暴之，十日寒之，未有能生者也。

【注释】

选自《孟子·告子章句上》。易：容易。暴（pù）：同“曝”，晒。寒：冻，冷。

【译文】

即使有一种天下最容易生长的植物，一天晒它，十天冻它，没有能够生长的。

【赏析】

植物若一暴十寒，则无法生长，孟子以此为例说明人学习或工作要持之以恒。如果不能做到尽善尽美，必然会有不良影响。就是易生的植物，一直不浇水，也会枯死。如果缺乏专心与恒心，再简单的小事也会半途而废，不会成功。只要一个人能够专心有恒、行为规范，则无论学习、工作或治国，都会有所成就。

故天将降大任于是人也，必先苦其心志，劳其筋骨，饿其体肤，空乏其身，行拂乱其所为，所以动心忍性，曾益其所不能。

【注释】

选自《孟子·告子章句下》。降：下。体肤：身体。行：副词，且。拂：戾，此申为阻碍。忍性：坚韧其性。曾：同“增”。不能：不及。

【译文】

所以天将要把重大任务落到这个人身上，一定先要使他的心志痛苦，使他的筋骨劳累，使他的身体饥饿，使他的穷困，并且使他的每一行为总是不能如意，借此来使他的内心震动，坚韧他的性情，增加他的才干。

【赏析】

孟子认为，一个人自身价值的实现不可能是一帆风顺的，因为人的理想人格培养总是一个艰苦磨炼的过程。孟子在强调内心修养的同时，又非常重视环境对人的磨炼。总结历史，大多出身穷困而最终能建功立业的圣君贤相，全是靠自己的努力，从社会下层冲破种种艰难险阻，从而成就一番事业。所以，天将要把重任落到这个人身上时，一定要让他在恶劣环境中经受磨炼，锻炼他坚韧的意志，增加他所不及的才干，促成他实现宏伟的志向。孟子的这段话道理深刻，今日读之，仍觉魅力无穷。

孔子登东山而小鲁，登泰山而小天下。故观于海者难为水，游于圣人之门者难为言。

【注释】

选自《孟子·尽心章句上》。东山：蒙山，在今山东蒙阴县南。难：难于，难以。

【译文】

孔子登上东山，就觉得鲁国小了；登上泰山，就觉得天下小了。所以对于看过大海的人，别的水就难以吸引他了；对于曾游学在圣人门下的人，别的议论也就难以吸引他了。

【赏析】

孟子的思想常常在他的言论中得到体现。任何事物都有它矛盾的两方面，而且在一定条件下会互相转化，并且任何事物都是相对而言，并非一成不变。他借孔子登东山后便觉鲁国小，登上气势宏伟的泰山便觉天下也不怎么大的事情，来说明一个道理，即随着登高而看得远，心胸也会不断地开阔。见到一望无际的大海，其他之水难以算水；受到过圣人的熏陶，别的议论就不为议论。这些认识，都是相对而言，从登东山到登泰山的高度变化，说明了人生的境界也会随着升华。人生有如登泰山，必须拾级而上，扎扎实实，永不停下向上攀登的脚步，这样山顶的胜景才会尽在眼前。

有为者，辟若掘井，掘井九轫而不及泉，犹为弃井也。

【注释】

选自《孟子·尽心章句上》。辟：同“譬”，譬喻。轫：同“仞”，七尺为一仞。

【译文】

做一件事情譬如掏井，掏到六七丈深还不见泉源，仍然是一个废井。

【赏析】

孟子善于使用比喻，他经常从身边常见的事中悟出深刻的道理。以挖井为例，目的是得到泉水，与井挖的深浅无关。如果选错地方，挖得再深也是一个废井，劳而无功；只有挖井及泉，才算井有价值。同样，人要做到仁心至纯，并且有恒心，这才算有修养。在奔向目标的过程中，培养了自己坚毅的品德和道德人格。孟子对人格修养要求至高，所以，人格修养永远没有完美的一天，只有终生不懈地做下去，才会不断接近完善。孟子以此告诉人们，要有锲而不舍的精神，在人格修养上，要发挥挖井及泉的精神，这样人格才会不断完善。

梓匠轮舆能与人规矩，不能使人巧。

【注释】

选自《孟子·尽心章句下》。轮：车子的轮盘。舆：车箱，也泛指车子。轮舆：指制造车轮或车箱的人，可译为车工、车匠。

【译文】

木工以及专做车轮或车箱的人能够把制做的规矩准则传授给别人，却不能够使别人一定具有高明的技巧。

【赏析】

学好一门技术或技艺受很多因素影响，有内在因素，也有外在因素。师傅只是外在因素，只能提纲挈领地将技艺的大原则传授给你。要想将师傅的技术精益求精地掌握，只能靠自己的勤奋努力，只有不懈地细细琢磨，才能得到其中道理。孟子以此鼓励人们为学求道，行善为仁，培养理想道德人格，不能只靠外力而应靠自己的双眼去寻找，靠自己的双手去行动，不停歇、不懈怠，才能有所成就。

养心莫善于寡欲。其为人也寡欲，虽有不存焉者，寡矣；其为人也多欲，虽有存焉者，寡矣。

【注释】

选自《孟子·尽心章句下》。寡：少。存：存心，存善性。

【译文】

修养心性的方法没有比减少物质欲望更好的了。他的为人，欲望不多，那善性纵使有所丧失，也不会多；他的为人，欲望很多，那善性纵使有所保存，也是极少的了。

【赏析】

孟子认为，每个人都有奢欲冲破理性的危险，为了避免这种危险的发生，最好还是清心寡欲。他很重视人的心性修养，认为心在与奢欲的相互冲突中如果失其修养，就会奢欲泛滥，最后导致“虽有存焉，寡矣”。所以，他强调了寡欲对一个人心性修养的重要性，以及对社会的种种诱惑的抵制作用，从而为不随波逐流，坚定自己的意志，保持自己的人格，起了重大的作用。

《诗经》

关关雎鸠，在河之洲。窈窕淑女，君子好逑。

【注释】

选自《诗经 · 周南 · 关雎》。关关：小鸟雌雄和鸣的象声词。雎（jū）鸠：一种小鸟，相传雌雄之间情意专一。洲：水中陆地。窈窕：形容外貌与内心都很美好。逑：配偶。

【译文】

雎鸠关关相对唱，双栖河中小洲上。纯洁美丽好姑娘，正是我心中的好对象。

【赏析】

这是《诗经》开卷的第一首诗，它作为一首来自民间、口耳传唱的情歌而被后人所重视。它描写一个青年小伙子偷偷地爱上了一位文静美丽的姑娘，从而害上单相思的动人情景。全诗共分三章，生动而细腻地表现了小伙子由心生爱慕到朝思暮想的苦恋，再到梦想与姑娘成婚的欢乐场面。本句是本诗第一章开头的句子，它妙在以小鸟雌雄相和的情景托物起兴，借以表现小伙子对姑娘的爱慕之情，使诗人的情感与周围的自然景物浑然一体，水乳交融，可谓情景交融的典范之作。孔子称此篇“乐而不淫，哀而不伤”，《毛诗序》将此篇看作风天下正夫妇的模范。

执子之手，与子偕老。

【注释】

选自《诗经·邶风·击鼓》。子：你。执：拉，握。偕：一起，共同。

【译文】

紧紧拉着你的手，愿意白头共偕老。

【赏析】

这首诗写戍卒久役不得归，怀念妻子，回忆临行前与妻子告别时的情景。“执子之手”极写难分难舍之情，“与子偕老”则表达了希望与妻白头偕老的良好愿望。但这一切都因远在边疆戍守而无法实现。从这看似平静的叙述中，我们分明感到了这个士兵内心的痛苦，感受到了他对战争的怨意。而“白头偕老”一句也成为后世人们对夫妻和美的良好祝愿，对后世的影响非常深远。

静女其姝，俟我于城隅。爱而不见，搔首踟蹰。

【注释】

选自《诗经·邶风·静女》。姝（shū）：美好。俟：等待。爱：隐藏。踟蹰（chí chú）：徘徊不定。

【译文】

温柔娴静的好姑娘，约我相会在城角上。她躲着藏着不出来，急得我搔头又心慌。

【赏析】

这首诗描写了相恋中的男女城角约会的情景。“爱而不见”传神地写出了姑娘的调皮，她故意藏起来不肯露面。着急万分的小伙子在城楼上走来走去，抓耳挠腮，心中十分不安。短短两句八个字，使姑娘的娇雅顽皮、小伙子的憨厚焦虑之情跃然纸上；同时也为读者想象他们两人的密切情感留下了丰富的空间。看似淡淡的白描，用语自然随意，可谓疏落之至，但其中蕴含的内容和情感，精致细密而又意味无穷。

人而无礼，胡不遄死。

【注释】

选自《诗经 · 鄘风 · 相鼠》。相：看。胡：何，为什么。遄（chuán）：速，快。

【译文】

人如果不懂得起码的礼节，还不如赶快死了算了。

【赏析】

这首诗直指那些乱礼丧义、暗昧无耻的统治阶级，诗人以鼠为喻，给予了辛辣的讽刺与无情的鞭挞。斥责的落脚点放在“无礼”上，这是大有深意的。《毛诗序》认为此篇是刺在位者无礼仪，即统治者的无礼。全诗共分为三章，每一章共有四句，结构相同，以相鼠起兴，用了三个类比，以相鼠的“皮”、“齿”、“体”类比人的“仪”、“止”、“礼”。人没有了礼仪廉耻便不成为人，因为每一句的落脚点都是“遄死”，由此可见写诗者对无礼的统治者的怨愤之情。全篇感情强烈，讽刺辛辣，将卫国统治者的丑恶行为揭露了出来。

巧笑倩兮，美目盼兮。

【注释】

选自《诗经 · 卫风 · 硕人》。倩：笑靥美好的样子。盼：眼睛黑白分明。

【译文】

轻盈浅笑酒窝俏，黑白分明眼波妙。

【赏析】

此诗出自《卫风》，是其中的名篇，其中描写女子美貌的第二章为世人所称道，此两句更是流传千古。一个“倩”字加一个“盼”字把美人笑靥如花、顾盼有神的形象写得栩栩如生，开后代刻画人物之先河。从白居易《长恨歌》“回眸一笑百媚生，六宫粉黛无颜色”到曹植《洛神赋》“秾纤适度，修短合度……”的描写，都可以看到这句话的影子。

于嗟鸠兮，无食桑葚。于嗟女兮，无与士耽。

【注释】

选自《诗经·卫风·氓》。于嗟（xū）：叹词。耽：过份地沉溺于感情，相当于“迷恋”的意思。

【译文】

小斑鸠啊小斑鸠，切莫嘴馋吃桑葚。好姑娘啊好姑娘，切莫迷恋他长得俊。

【赏析】

《氓》这首诗可以算作是诗经中弃妇怨诗的代表。诗中充满了哀伤和悔恨，并于哀怨中迸射出对负心者的愤怒与谴责，在悔恨中又透露出异常的冷静与决绝，极有层次地表现了这位被弃妇女的坚强性格。诗中“于嗟鸠兮，无食桑葚”的比喻，是女子终于意识到自己所托非人而产生的失望、悔恨，而“于嗟女兮，无与士耽”则是以自身的遭遇告诫天下善良女子的金玉良言。言语虽有些偏激之处，但表明她终于从自己的遭遇中认识到女子所处的被压迫、被凌辱的地位，既可以看作是对姐妹们的告诫，亦可看作是对男尊女卑的伦理道德的控诉。

自伯之东，首如飞蓬。岂无膏沐，谁适为容。

【注释】

选自《诗经·卫风·伯兮》。伯：女子称其夫。之：动词，往，到。飞蓬：被风吹得到处飘散的蓬草。膏：润发的油。沐：洗头。适：取悦。容：动词，打扮。

【译文】

自从丈夫出征到东方，我不梳头，发乱如草。不是没有胭脂和香水，丈夫不在我为谁打扮、为谁梳妆。

【赏析】

此篇把女子对丈夫的思念描写得淋漓尽致，“首如飞蓬”可谓神来之笔，十分形象地表现了女子空房寂寞、不事梳洗、无情无绪的样子。而后边语锋一转，两个反问“岂无膏沐，谁适为容”则表达了女子对丈夫专注而深挚的爱。“自伯之东，首如飞蓬”成为后世诗词表达相思的一种模式，如李清照《凤凰台上忆吹箫》中的“起来慵自梳头”。

一日不见，如三秋兮。

【注释】

选自《诗经 · 王风 · 采葛》。

【译文】

一天不见心上人，就好像隔了三秋长啊！

【赏析】

简单的诗句把男女相思之情表达得淋漓尽致。诗中的一对恋人，已经到了难分难舍、形影不离的炽热程度。主人公即使一天见不到他心爱的姑娘，寂寞之情就难以忍耐，感觉好像隔了三年一样。这种心理上的感觉，当然是由于思念之深、盼见之切的缘故，而正是这富于感情色彩的夸张之辞，才把恋人之间的相思之情推到了极致。其语言朴实，感情率真、夸张而不造作，极强的艺术感染力深深地影响着后人。

穀则异室，死则同穴。

【注释】

选自《诗经·王风·大车》。穀（gǔ）：活着。

【译文】

活着不能与你同室，死后愿意与你同葬。

【赏析】

这句话出自一位女子之口，是一句爱情宣言，她深情且大胆地表明自己对爱情矢志不渝的执着。“为誓之辞”激越、决绝而高亢，可谓异调，所读之人均被其所感动。正是这种精神延续至后世，演变成汉代乐府诗中《上邪》一类的自誓之辞。这种对爱情的严肃态度与生死不渝的执着令人震撼和钦佩，与后世才子佳人虚张其词、轻浮夸诞的山盟海誓形成了鲜明的对比。

不稼不穑，胡取禾三百廛兮？

【注释】

选自《诗经·魏风·伐檀》。稼：耕种。穑：收割。廛（chán）：居所，这里的三百廛指三百户获禾的总数。

【译文】

既不耕来又不收，为啥取禾三百廛？

【赏析】

《伐檀》一诗将矛头指向贪婪肆虐、不劳而获的统治阶级，深刻而尖锐地揭露了剥削制度的不合理。劳动者劳而不获，剥削者却不劳而获，鲜明地揭示了尖锐对立的阶级矛盾。而反问句式的反复运用，理直气壮，将劳动者的激愤与反抗之情表现得十分彻底。本篇是《诗经》中具有强烈战斗性的现实主义作品之一，对后世文学有着深远的影响，如王粲《七哀诗》以及杜甫、白居易的那些哀民生、伤时艰的现实主义作品。

逝将去女，适彼乐土。

【注释】

选自《诗经·魏风·硕鼠》。逝：《公羊传》徐彦疏引作“誓”。去：离开。女：同“汝”。适：去，到。

【译文】

我已决心离开你，去那理想新乐土。

【赏析】

这是一首反对过重剥削、幻想美好社会的诗。春秋时期，各诸侯国先后实行“履亩税”，即农民除了要出劳役为公田耕种以外，还要交纳私田所产的十分之一作为实物税。农民们难以忍受这双重的剥削，于是幻想着去寻找一块理想的乐园。诗以借喻的手法，将贪婪的统治阶级比作田间偷粮的大老鼠，以同老鼠讲话的口气，既表

【墨迹】册 局部 ［清］王翚 中国台北故宫博物院藏 55－5

【墨迹】册 局部 ［清］王鉴 中国台北故宫博物院藏 55-5

现了怨恨，也包含了无可奈何之情，后人读之无不为之叹息。

夏之日，冬之夜，百岁之后，归于其居。

【注释】

选自《诗经·唐风·葛生》。百岁之后：即死后。

【译文】

夏日缓缓，冬夜漫漫，待我死后，与你同穴而眠。

【赏析】

这是一首女子献给亡夫的悼亡歌，诗歌哀怨凄惋而缠绵。“夏之日，冬之夜”给人以时光流转、漫漫难捱之感，似能体会妇人“终夜长开眼”的痛苦，如闻声声叹息，如见点点清泪，令人读之心酸。而“百岁之后，归于其居”则深情地表现了妇人对亡夫的一往情深，这首诗可看作悼亡诗之祖。

蒹葭苍苍，白露为霜。所谓伊人，在水一方。

【注释】

选自《诗经·秦风·蒹葭》。蒹葭（jiān jiā）：芦苇。苍苍：茂盛鲜明的样子。伊人：那人，指意中人。

【译文】

河畔芦苇白茫茫，夜来清露凝成霜。我所思念的那个人，正在河水的那一方。

【赏析】

《蒹葭》一诗意境极美，全诗洋溢着优美的情调和感人的惆怅。开篇写景起兴，秋日的清晨、茂盛的芦苇、斑驳的白霜、迷离苍茫的气氛，主人公所处的客观环境正好对照人物的心理。此情此景勾起了诗人对意中人深深的思恋，然而，“所谓伊人，在水一方”。正如这凄迷的景色一样，意中的人儿也是那么若隐若现，可望而不可及。一江秋水竟成了他们之间难以逾越的鸿沟，高度契合的情与景正好是诗人所要表达的感情，使得诗人所要表达的感情也达到了极致。由于此诗意境塑造的成功，使“秋水伊人”成了千古流传的一个成语。

妻子好合，如鼓瑟琴。

【注释】

选自《诗经·小雅·棠棣》。

【译文】

与妻子感情深厚融洽，好比鼓瑟和弹琴一样，和谐美好。

【赏析】

家庭是社会生活的基本单位。古人将“齐家”作为“治国”的基础，一个安定团结的国家所依靠的正是一个个和睦的家庭，但夫妻感情和谐美好是家庭和睦的关键。所以，以鼓瑟和谐比喻夫妻感情的笃厚真挚，强调家庭成员之间应当和睦团结，情感诚挚。后来，人们比喻夫妻恩爱、感情挚深、和乐美满时，常用“琴瑟调和”一词。

昔我往矣，杨柳依依。今我来思，雨雪霏霏。

【注释】

选自《诗经·小雅·采薇》。依依：形容柳条随风飘拂的样子。来：指战罢归来。思：语助词。雨雪：落雪，下雪。

【译文】

想当初我出征到前方，杨柳青青，柔枝飘荡。

今日我战罢返故乡，大雪纷纷，漫天飞扬。

【赏析】

士兵戍边归来，途中回顾出戍的缘故和守边的艰苦以及归途中饱受风雪侵袭、饥渴交并之苦，触景生情，因而回想出戍之时正是仲春季节，那时“杨柳依依”，而今归来“雨雪霏霏”，一派萧瑟景象，面对纷纷扬扬的大雪，诗人不禁百感交集。往昔与来归路上景物的对照，隐含了诗人对家中境况的担忧，也体现出诗人极其矛盾的心理。

心乎爱矣，遐不谓矣！中心藏之，何日忘之！

【注释】

选自《诗经·小雅·隰桑》。隰（xí）：低湿的地方。乎：在。遐不：何不。谓：诉说。

【译文】

心中这样爱着他，为什么不大胆向他诉说。爱情的种子深埋心中，何时能忘不受折磨。

【赏析】

这是一首感情缠绵、真挚动人的情歌。诗中的女主人公是一位热恋中的少女，有一个男子深受她的喜爱，但她羞于向他表白，因而只能把爱情的种子深埋在心底，但这种难以表白的爱又时时煎熬与折磨着她。通过委婉细致的描述，诗人把这位爱得热烈真诚、爱得刻骨铭心而又有几分羞怯心理的少女刻画得栩栩如生。

哀哀父母，生我劬劳。

【注释】

选自《诗经·小雅·蓼莪》。哀哀：悲伤悔恨的叹词。劬（qú）劳：辛勤劳苦。

【译文】

可怜我的爹和娘，生我养我操心勤劳太辛苦。

【赏析】

这句诗语调凄切哀婉，抒发了子女对父母养育之恩难以报答的遗憾心情，同时也述说了父母的勤劳辛苦，以及其对子女无限的关怀和爱。父母的恩情比天高，比地大，我们除了无尽的思念和怀恋外，还能做些什么来表达我们的感激呢？唐代诗人孟郊的一首诗，最能体现出子女对父母的怀念之情："慈母手中线，游子身上衣。临行密密缝，意恐迟迟归。谁言寸草心，报得三春晖。"

柔亦不茹，刚亦不吐。不侮矜寡，不畏强御。

【注释】

选自《诗经·大雅·烝民》。茹：吃。侮：欺凌，欺侮。矜：通“鳏”，无妻或丧偶的男子。

【译文】

柔软的东西他不去吃，坚硬的东西他也不会吐出来。不去欺凌侮辱孤苦的人，更不畏强权的吓唬威胁。

【赏析】

这几句是赞美仲山甫才德诗的其中一小部分。全篇主要讲了仲山甫的高尚道德修养和不畏强权、刚直不阿、不卑不亢、不欺弱者的理想人格。人们在称赞这些才德兼备、情操高尚的人的同时，也希冀后来人修身养性、培养情操来报效国家。

《尚书》

克明俊德，以亲九族。九族既睦，平章百姓。百姓昭明，协和万邦。

【注释】

选自《尚书·尧典》。克：能，能够。俊：才智。德：美德，道德。九族：从自己的高祖至自己的玄孙九代。睦：和睦。平：分辨。章：彰明。百姓：百生。协：协和。万邦：众民族。

【译文】

他能发扬才智美德，使家族亲密和睦。家族和睦以后，又辨明百官的善恶。百官的善恶辨明了，又使各诸侯国协调和顺。

【赏析】

上下和睦、百姓安居乐业是儒家思想渴望实现的理想社会。这段话以颂扬帝尧的功德，强调了“和”的重要性。这与“家和万事兴”的道理类似，就是说要人人友爱、家庭和睦，才能万事兴盛。以家见国，以小见大，道理相同。试想，如果家族和睦，国家上下团结一心，社会肯定呈现一片太平盛世的景象。家和需人和，只有人人修养道德，与人友好相处、谦让有礼，自觉遵守道德准则，以仁德感化对方，才能和睦相处。

静言庸违，象恭滔天。

【注释】

选自《尚书·尧典》。静言：静又写作“靖”，巧言。庸：用。象恭：外表好像恭敬。滔：通“慆”，怠慢。

【译文】

花言巧语，阳奉阴违，貌似恭敬，实际上对上天轻慢不敬。

【赏析】

尧帝用这句话来评价共工的道德品质和行为。尧帝意欲选拔接班人，让大臣们推荐人选，当有人举荐共工时，尧帝发表了如此意见。这段话说明尧帝审慎地选贤任能，重视德才兼备的选拔人才的态度。对于今人而言，他的任人唯贤的思想仍有借鉴意义。“静言庸违，象恭滔天。”这句话经常为后人引用，用来指那些花言巧语、面目伪善，缺乏道德修养的人。

侮慢自贤，反道败德。

【注释】

选自《尚书·大禹谟》。侮慢：轻慢，怠慢。自贤：自以为贤，妄自尊大。反道：违反正道。

【译文】

轻慢众人，妄自尊大；违反正道，败坏德义。

【赏析】

这句话是禹帝用来批评当地少数民族部落三苗的。说他们昏庸糊涂、不恭不敬、轻慢众人、妄自尊大、违反正道、败坏德义、重用小人、排斥君子，百姓不能安居乐业，于是打算动员大臣和各诸侯共同讨伐。而伯益却认为感动上天的只有德，有了德，再远的人也会来归服。禹接受伯益的劝谏，撤回军队，施行文明统治，感化三苗归服。后来人们经常用这句话来比喻没有自知之明、尊自妄大缺乏仁德的人。

无稽之言勿听，弗询之谋勿庸。

【注释】

选自《尚书·大禹谟》。稽：考证，验证。弗询之谋：不询问众人的谋略。庸：用。

【译文】

没有经过验证的话不轻信，没有征询过众人意见的谋略不轻用。

【赏析】

本句与俗语“耳听为虚，眼见为实”说的是同一个道理。它告诫人们：在现实生活中不能道听途说、轻信妄言，凡事都要深入调查，以事实为根据，善于听取众人意见，集思广益，认真分析参考。只有这样，才不会影响自己的判断能力，不会被不实之言所蛊惑，不会因刚愎自用而导致决策失误，从而造成难以挽回的结果。

克勤于邦，克俭于家。

【注释】

选自《尚书·大禹谟》。克勤于邦：指为国家大事竭尽全力。克俭于家：在家生活节俭。

【译文】

能为国家大事不辞辛劳，居家生活俭朴。

【赏析】

无论是修身、齐家还是治国，勤俭都是我们所应提倡的美德。《周易》里就有“君子以俭德辟难”之说。古人认为能否克勤克俭，关系着国家的强弱、存亡，所以鼓励人们在竭尽职守、勤奋工作的同时要节俭，不能浪费。当然在今天，物质极大丰富，人们更应该节俭，不能毫无限度地挥霍。一心治水、三过家门而不入的大禹就是我们要学习的“克勤于邦”的榜样。

视远惟明，听德惟聪。

【注释】

选自《尚书·太甲中》。

【译文】

能看到远处，才是视觉锐利；能听从好话，才是听觉灵敏。

【赏析】

能看远才是明察秋毫，善听好话才是耳朵灵敏。古人以此作比喻，鼓励人们注重自身修养，永不懈怠。不论是治国还是个人，强调的都是道德品质的修养。要勤奋学习、诚心求道，时刻躬身自反，检讨自己言行，胸襟宽广，善于听取意见，不能贪图享乐，也不能懒懒散散，要诚信且仁厚，这样才会事业有成。

若网在纲，有条而不紊。

【注释】

选自《尚书·盘庚上》。纲：网的总绳。紊：乱。若：像，好像。

【译文】

就好像把网结在纲上，才能有条理而不紊乱。

【赏析】

盘庚责备在位的官员墨守成规、不思进取、傲慢无礼、贪图安逸、不愿奉献。他用“网”、“纲”作比喻，自己为“纲”，群臣是“网”，说明尊卑有序，强调不能目无君令、破坏规矩。例子来源于现实生活，浅显易懂地道出了尊卑秩序、有条不紊的深刻寓意。“有条不紊”这个成语就来源于此。

玩人丧德，玩物丧志。

【注释】

选自《尚书·旅獒》。玩人：玩弄人。玩物：玩弄器物。丧：丧失。

【译文】

玩弄人会丧失德行，玩弄物会丧失抱负。

【赏析】

忠心待人、恪守诚信是贤德之人的表现。这句话就是告诫人们：要谨言慎行，与人交往应相互信任，只有诚实可信方能做一个贤德君子。切不可自以为聪明，要小心眼，玩人于掌上。不注重德行的培养，德之丧尽，只能陷于众叛亲离的境地。同样，整天沉溺于玩弄器物、灯红酒绿、贪恋歌舞女色之中，安于享乐、不务正业，就会使抱负丧失，毫无成就可言。古人以此勉励人们要修养德行。

为山九仞，功亏一篑。

【注释】

选自《尚书·旅獒》。仞：八尺为一仞。亏：缺少。篑（kuì）：盛土的竹器。

【译文】

譬如堆垒九仞高的土山，只差一筐土，还是不算完成。

【赏析】

这句话以堆山为喻告诫人们修养品德应自强不息、持之以恒，不可半途而废。作为君王就要谨慎，只有为仁行善，以德征服人民，才能得到民心；只有勤奋为政，德行很盛，才能安定社会、巩固政权。做人也是如此，为学求道、修养德行就像堆山一样，要积极发挥主观能动性，不能中途停止，否则，前面所有努力都会付诸流水。如果坚持不懈、永不止步，终会有成就。这句话至今仍有教育意义。

以公灭私，民其允怀。

【注释】

选自《尚书·周官》。允：诚信，信实。怀：归向。

【译文】

用公心消灭私欲，人民就会信任归向执政者。

【赏析】

本句选自《周官》，即号召大小官员认真工作，谨慎发令，言出即行。用公心之除去私欲，位尊不当骄傲，禄厚不当奢侈，修养恭敬勤俭美德，不可行使诈伪，以此赢得人民的信任。做到了这些，人民对他才会心服口服。因此本诏令的意义就在于勉励官员兢兢业业，勤劳政事，克己奉公，廉洁自律，做一个有益于社会的好人。

《礼记》

敖不可长，欲不可从，志不可满，乐不可极。

【注释】

选自《礼记·曲礼上》。敖：同“傲”，傲慢。长（zhǎng）：滋长。从：同“纵”，也可解释为顺从。极：极点，过分。

【译文】

傲慢不可滋长，欲望不可放纵，高洁的志向不可满足，享乐之情不可无尽。

【赏析】

这句话是在教育人要有适可而止的做事态度。对人要恭敬有礼，不可自以为是。因为人的欲望无止境，永远都不会满足，所以对享乐也要有节制，不可无限放纵；对名利的追求，要懂得功成身退的道理。在实践中，能把握住这个度，事事做到恰到好处，这样事业不仅会成功，而且还会完美。

贤者狎而敬之，畏而爱之。爱而知其恶，憎而知其善。

【注释】

选自《礼记·曲礼上》。狎（xiá）：亲密的意思。憎：嫌恶的意思。

【译文】

对有德才的人要亲近而且敬重，畏服而且爱慕他。对于自己所爱的人，要能知道他的缺点；对于自己所憎恶的人，要能看到他的好处。

【赏析】

本句讲的是与人交往的行为准则问题。在此，也反对那种只看到别人缺点，而不看重别人优点的人，这种人其实自己本身就有许多的问题，他们大大贬低别人就是为了掩饰自己的缺点。此句强调对每一个人的态度要客观公正，要有全面认识，要善于发现自己所亲之人的缺点，积极寻找所恶人之的优点，这样就不会影响自己对人的判断，也能更好掌控与人交往的分寸。

博闻强识而让，敦善行而不怠，谓之君子。

【注释】

选自《礼记·曲礼上》。让：歉让。怠：懈怠。

【译文】

那些能博闻强识而且礼让，修身行善而且不

懈怠的人，可以称之为君子。

【赏析】

高尚的人不仅具有高深的学问，而且要有高尚的品德，只有这样，才能受到人们的尊重。在强调君子必须兼备德才修养的同时，我们不妨从反面想一下，如果一个缺乏学问道德修养的人，妄尊自大，没有礼貌，不懂礼仪，言行随心所欲，没有约束，他还能被社会接纳吗？这样的人一定会被社会所遗弃。所以只有博学广识、以礼制欲、循礼而行的人才配得上君子的称呼。

国君死社稷，大夫死众，士死制。

【注释】

选自《礼记·曲礼下》。社：是土神。稷：谷神。众：民众。制：法制。

【译文】

国君应为国家而死，大夫应为民众而死，士人应为制定的法律责任而死。

【赏析】

这几句话强调国君要以国为重，为了国家社稷，应不辞劳苦、勤政务实，时刻将民众的冷暖挂在心头，体现了了以民为重的仁政思想。只有这样，国君才能得到民众的信任，即人心向背。获得了民众的支持和拥护，便能安定社会，巩固政权。有如此表率，那么他下面的公卿大夫乃至庶民都会以死来为国家效忠。

谋人之军师，败则死之；谋人之邦邑，危则亡之。

【注释】

选自《礼记·檀弓上》。邦：指国家。邑：都邑。之：放逐去国。

【译文】

统帅一国的军队，如果战败，就该战死或自杀；治理一个国家，如果出现危险不安的情况，就应该遭受放逐去国的惩罚。

【赏析】

处于某一职位，就要竭尽自己所能尽心尽力地做好自己的工作。至于指挥军队打了败仗就一定要死，治理城邑动荡不安就一定要被放逐，那倒大可不必。重要的是是否尽己之职，如果是客观形势所致，那就要吸取教训，为以后的胜利做好充分准备。这里强调的奖惩分明的道理，与我们现在实行的岗位责任制有相同之处，都是为了让人尽职尽责、安守本分。

凡官民材，必先论之。论辨然使之，任事然后爵之，位定然后禄之。

【注释】

选自《礼记·王制》。论之：考察他。

【译文】

凡是选用人才，须先考察他的德才。考察明白之后，才分派工作；胜任工作后才铨定爵位，然后给予相应的俸禄。

【赏析】

本段就如何选拔人才进行了讨论。这种选用人才的方法和我们现在的聘用制度有一定的相似之处。聘用人才，首先要求德才兼备，经过多方面调查考核，确定德才的高下之后，再决定是否录用，然后根据能力的大小、岗位的重要与否，给予相应的待遇。只有既重视人才，又能知人善任，才能使个人发挥特长，实现自我价值，有助于工作的开展。

知为人子，然后可以为人父；知为人臣，然后可以为人君；知事人，然后能使人。

【注释】

选自《礼记·文王世子》。

【译文】

能知道做一个好儿子，然后才能做一个好父亲；知道做一个好臣下，然后才能做一个好的君主；明白如何为人做事，然后才能使唤他。

【赏析】

人在成长的过程中不断地变换着自己的角色，由最初的为人子到为人父，兼有了双重身份。做了父亲之后，才能体会到当初父亲的谆谆教导和良苦用心是多么不容易。以此提醒自己要做一个合格的儿子，以回报父母的养育之恩。同时也在督促自己为子女做表率，以实际行动尽到做父亲的责任，将子女培养成才。同理，为人臣也是如此。从中得到的启示是：无论我们做事时遇到什么问题都要能变换角度思考，这样任何问题都会迎刃而解。

忠信，礼之本也；义理，礼之文也。

【注释】

选自《礼记·礼器》。

【译文】

忠信是礼的根本，义理是礼的形式。

【赏析】

本句分别讨论了忠信、义理与礼的关系。忠信是礼的根本，义理是礼的形式。没有忠信，礼就无法存在；没有义理，礼就无法施行。

君子如欲化民成俗，其必由学乎！

【注释】

选自《礼记·学记》。俗：风俗。

【译文】

君子如果想要教化人民养成良好的风俗，他一定要从教育入手。

【赏析】

本句强调了教育对教化人民的重要作用。教育关系着一个民族的整体素质。通过教育，能使人民提高学问、明白事理、遵守道德准则，有助于良好社会风俗的形成。国家要强盛，必须要重视教育。从古到今，教育都是人进步的必由之路，是促进社会文明的发展重要因素。

玉不琢，不成器；人不学，不知道。

【注释】

选自《礼记·学记》。器：器具。

【译文】

美玉不雕琢，不能成为好的器具；人不学习，就不会明白道理。

【赏析】

玉石如果不经过雕琢，就难以成为精美的器具。古人以雕琢玉石为喻，说明人不学习便难以懂得做人的道理，强调了后天教育对人能否成才起着非常重要的作用。一个人天资聪颖，但若不刻苦学习、修养道德，终将会一事无成。所以，人要想成就非凡事业，就得有持之以恒的精神，勤奋不懈地学习，使自己不断充实、完善。古今中外这样的例子不胜枚举。

故学然后知不足，教然后知困。知不足，然后能自反也；知困，然后能自强也。

【注释】

选自《礼记·学记》。困：困惑。反：同“返”。

【译文】

所以，学后才能知道知识的不足，教后才能知道自己知识的不够深刻。知道不足了，就能自省；知道自己知识的不深刻，就能不断勉励自己。

【赏析】

古人在这几句话中论述了“学然后知不足”的道理，勉励人们要博学，即对各类知识都要深入而广泛地理解和掌握。知识都是通过学习得来的，知不足更能促进人们对知识的迫切需求。教人之后，才知道了自己知识的贫乏，但这会更加激发自身的求知兴趣，不断汲取知识营养来充实自己，更会勉励自己，使自己不断向上向前。

时过然后学，则勤苦而难成。

【注释】

选自《礼记·学记》。

【译文】

错过了学习时机才去学，那么虽勤奋劳苦也难有成就。

【赏析】

古人有“人过三十不学艺”的说法，但现在的人，三十而立正当年，正是年富力强有所作为的关键时期。古人的话也并非没有道理可言。古人认为，该学习的年龄不去用功学习，却贪图享乐，到用之时，这才恍然大悟，知道知识的重要性，明白须得勤奋刻苦，才能获得知识。岂知已经错过了学习的良机？纵使废寝忘食，也难有所成就，虽然也有大器晚成者，但那是少之甚少。古人以此警诫人们，要珍惜时间，趁年轻时多努力学习知识本领，以便将来学有所成。

善歌者，使人继其声；善教者，使人继其志。

【注释】

选自《礼记·学记》。

【译文】

善于唱歌的人，能让人沉浸在他的歌声中；善于教学的人，能让人继承他的志向。

【赏析】

本句说明的是善于感染和启发的作用。歌唱得好的人，不仅能使人沉浸在美妙的乐曲中，更重要的是亦能使人不由自主地合拍而歌；好的老师不只是给学生机械地灌输知识，而是要善于调动学生的学习积极性，明确学习的目的，启发学生善于思考，培养学生融汇贯通的能力。因此，我们在教育他人的时候，一定要重视感染、启发和诱导。

善学者，师逸而功倍，又从而庸之；不善学者，师勤而功半，又从而怨之。善

问者，如攻坚木，先其易者，后其节目，及其久也，相说以解；不善问者反此。善待问者，如撞钟，叩之以小者则小鸣，叩之以大者则大鸣，待其从容，然后尽其声；不善答问者反之。此皆进学之道。

【注释】

选自《礼记·学记》。逸：安逸。庸：归功。攻：砍伐。说：同“脱”，脱落。解：分解。

【译文】

善于学习的人，老师很安闲，而教育效果反而显著，学生都归功于老师教导有方。不善学习的人，老师督促严厉，反而效果只有一半，学生还怨恨教师。善于发问的人，像砍伐坚硬的木头，先从较容易的地方开始，然后到难的节目入手，时间久了，木头自然脱落分解。不善于发问的人，方法刚好相反。善于回答别人问题的人，有如撞钟一样，轻轻叩它则声音很轻，重重敲打则钟声很强，一定要让叩钟的人从容不迫，钟声才能余韵悠扬。不善于回答别人问题的人，方法正好相反。这些都是增进学识的方法。

【赏析】

勤于思考、善于领会、掌屋方法是学习知识的最好途径，学习如伐木叩钟，老师是外因，学生是内因。学生是学习的主体、变化的根本。只要学生勤奋刻苦，善于融汇贯通、举一反三，再经过老师提纲挈领、画龙点睛的指导，自然会取得事半功倍的效果。不用功学习的人，无论老师如何勤于督促，也很难取得进步。这就像砍伐木头，善于发现、分析问题，先易后难，只要持之以恒，难题终会分解。再如叩钟的人只有从容不迫，钟声才会余韵悠扬。这些都是增进学识的道理。

临事而屡断，勇也；见利而让，义也。

【注释】

选自《礼记·乐记》。屡：急速。

【译文】

遇事而果断，是勇；见利而谦让，是义。

【赏析】

做事雷厉风行、迅速果断，从不犹豫不决、瞻前顾后，古人认为这样的人就是有勇有谋、有识有胆之士；看到利益能够谦让，在可取不取的时候，便不取，谨防自己变贪，即使要取，也适可而止。正如“君子爱财，取之有道”。这即是有义之人，便可受到人们的尊重。

差若毫厘，缪以千里。

【注释】

选自《礼记·经解》。

【译文】

开头虽然只有毫厘的差别，到后来却错到千里那么远了。

【赏析】

好的开头是事情成功的一半，这句话是很有道理的。做任何事情从一开始，就小心谨慎、深入考虑、认真对待、周密计划、精益求精、力求圆满，这样就能做到万无一失。如果开始漫不经心，对毫厘之差不以为然，不采取有力措施予以纠正，结果就会越积越多，以致最后相差千里，等到出现严重问题，往往措手不及，无法应对，导致事情全面失败，造成无法挽回的损失。

苟利国家，不求富贵。

【注释】

选自《礼记·儒行》。苟：如果。

【译文】

如果有利于国家，自己就不去追求富贵。

【赏析】

古人认为，当国家利益和自我利益发生冲突的时候，要以国家利益为重。不论任何时候、任何艰难困苦的环境，都应将国家的利益作为自己的利益，不为一己之私或荣华富贵而放弃自己对国家的责任。“国家兴亡，匹夫有责”，应时刻怀着报效祖国的志向。古人尚且如此，在今天，我们更应有自我牺牲的精神，并将此作为个人做事之原则，勉励自己保持高尚人格，为国家的繁荣富强而努力。

【墨迹】册 局部 [清] 王翚　中国台北故宫博物院藏　55-6

【墨迹】册 局部 ［清］王翚 中国台北故宫博物院藏 55-6

《周易》

天行健，君子以自强不息。

【注释】

选自《周易·乾卦》。天行：天道。以：因此。

【译文】

天道刚健，君子以天为法，故而自强不息。

【赏析】

天体运行永不停息。古人以此为喻是鼓励人们效法天道，以此为楷模，循环往复、刚健强劲、自强不息、奋发图强。其实，中华民族之所以能够屹立于世界民族之林，靠的就是这种精神。

君子学以聚之，问以辩之，宽以居之，仁以行之。

【注释】

选自《周易·乾卦》。辩：通“辨”。宽：宽容。

【译文】

君子以学习来积累知识，以多问来明辨是非，以宽容待人，以仁心行事。

【赏析】

这段话主要论述了君子的道德修养。在古人看来，无论是齐家、治国还是平天下，都要以修身为基础。只有通过博学来修养学问道德，加之多问多听，才能分清善恶。宽以待人，自己从容自若；以行善为己任，并将其作为自己为人处世的行动指南。只有人人都加强道德修养，做事依礼，社会才能安定发展。

修辞立其诚。

【注释】

选自《周易·乾卦》。修辞：修饰言辞。诚：诚信，诚实。

【译文】

修饰言辞确立在诚实的基础上。

【赏析】

君子以讲忠信提高品德修养。说话小心，讲究诚信，要出自真情实感，实际上是在强调做人的根本。

对上不能口是心非、阿谀奉承、拍马溜须、言不由衷，而要言行一致、表里如一、言出必行、口心一致。见人说人话、见鬼说鬼言，则是不可以的。

居上位而不骄，在下位而不忧。

【注释】

选自《周易 · 乾卦》。

【译文】

处在上位而不骄傲，处在下位而不忧郁。

【赏析】

这句话仍然是在论述君子的修养。有修养的仁人君子，根本不会因为环境、地位的变化而改变自己的初衷，依然义无反顾地朝着自己的目标方向前进。其可贵之处就是始终能保持一个平和的心态：不为名利所驱使，不为外物所诱惑。既不嫉贤妒能，又不想入非非，处上谦恭有礼，处下无忧无虑，这种境界大概只有那些仁人君子可以做到。

君子以厚德载物。

【注释】

选自《周易 · 坤卦》。

【译文】

君子用深厚的德泽来化育人物。

【赏析】

大地能承载万物是因为其深厚无比，古人以此来比喻君子的德行。作为仁人君子，以为仁求道为终生奋斗目标，心胸宽广、仁厚慈爱，所以，如同宽厚广袤的大地，育载万物。“厚德载物”作为千古名言，常被人们用来形容具有真正美德的人。

君子以俭德辟难。

【注释】

选自《周易 · 否卦》。俭德：以俭为德。辟：同“避”。难：危难，灾难。

【译文】

君子以崇尚俭德而避开祸难。

【赏析】

古人非常重视修身养德，能将德和难辩证地统一起来。因为君子有自己的价值取向，以崇尚俭朴为德，不贪图富贵，不追求享乐，能安贫乐道，保持自己的操守。君子的俭德不但有助于防微杜渐、防患于未然，更能够泰然自若地面临危难，不会为一时的困难而失去自我。俭德能帮助君子渡过难关，化险为夷，避开灾难。

二人同心，其利断金。同心之言，其臭如兰。

【注释】

选自《周易·系辞上》。利：利刃。断：割断。臭（xiù）：通“嗅”，气味。

【译文】

两人同心，像刀那样锋利，可以切断金属。同心的话，像兰花那样幽香。

【赏析】

“和”一直被历代大儒所提倡，即在人际交往中崇尚和气、和睦。古人非常重视和的作用，着重强调了心意相同、志趣相投的力量。无论在多么大的艰难困苦面前，只要能够同心同德，都可以顺利度过难关。人生难得一知己，寻寻觅觅，终于遇到心意相投的人，共同语言的气味如同兰花那样，芳香迷人。这也是“义结金兰”这个成语的出处。

见善则迁，有过则改。

【注释】

选自《周易·益卦》。迁：移而从善。

【译文】

见善就向他学习，有过错就改。

【赏析】

古人对迁善、改过这种道德修养十分重视，将其视为修身的重要方面。“见善则迁”和“见贤思齐”有着同一目标，都是讲要向美好品德的人学习。对于改过，也需要有改正错误的勇气。错误是难以避免的，因为圣贤也难免犯错，能够及时改正才是最重要的。《左传》上说：“人谁无过？过而能改，善莫大焉。”实际上，勇于改过的人更加令人尊敬。“见善则迁，有过则改”是指不断修正自己的言行，完善自己的道德。

穷则变，变则通，通则久。

【注释】

选自《周易·系辞下》。穷：穷途。

【译文】

道行不通时就得变，变了之后就会豁然开通，行得通则可以长久。

【赏析】

本句话语虽简，但道理极其深刻。任何事物都有它的发展规律，也可能有它灭亡的一天。真正到了穷途末路之时，如果从另外一个角度看，往往会找到新的解决方案，往往会绝处逢生，出现新的生机。如果一味因循守旧、墨守成规，只有死路一条。所以，任何社会、任何人都要不断更新观念、与时俱进，寻求新的发展机会，这样才能适应社会的发展。

天下同归而殊途，一致而百虑。

【注释】

选自《周易·系辞下》。殊：不同。虑：思虑，考虑。

【译文】

天下人要到同一个地方，只是道路不同；达到同一个目的，只是思虑多种多样。

【赏析】

虽然每个人走的道路不同，但都能到达最后的目的。大千世界千姿百态、纷繁杂乱，人的思想复杂难辨，人的感情千奇百怪。思考问题的方法不同，从而导致了人各行其道，可最后却到达同一个地方，是因为大家有着同一个目的，追寻着同一个目标。这就是成语“殊途同归”的出处，人们常用这个成语来比喻采取不同方式、方法，但得到相同的结果。

善不积，不足以成名；恶不积，不足以灭身。

【注释】

选自《周易·系辞下》。

【译文】

不积累善行达不到成名，不积累恶行达不到灭身。

【赏析】

人们常用善或恶来概括一个人的品德行为，积善成德、厚德载物、多行不义必自毙，就是表达这个意思的词语。为仁行善，不是一时心血来潮，而要日积月累，是有道德修养的君子永恒的追求目标。所以说成就好名声是为善的结果。而小人则认为，行小善没有益处故而不做，认为小的恶事没有害处故而不改，结果以致其成为恶习并越陷越深。恶行积累不可掩藏，罪大恶极不可赦免，最终落个自取灭亡的下场。

《左传》

多行不义，必自毙。

【注释】

选自《左传·隐公元年》。自毙：自我灭亡。毙：倒下去。

【译文】

多做不义的事情，必定会自我灭亡。

【赏析】

“善有善报，恶有恶报，不是不报，时间未到。”这是我们非常熟悉的俗语。因果报应的说法，可能是一些好人的心理期望，也可能是人们长期以来的社会生活的总结。但其目的无非是希望人们要按规矩和道德标准去做事，不能目无原则、胆大妄为，肆无忌惮破坏社会各种秩序，与社会道德规范背道而驰。其结果必然会走上玩火自焚的道路，自绝于国家、社会、人民、朋友、亲人。这样的人将终会不被社会所容而成为人民不齿的败类。所以说，常做不义的事情，必定会自我灭亡。

爱子，教之以义方，弗纳于邪。

【注释】

选自《左传·隐公三年》。义方：正道。弗：不。纳：吸纳，吸收。

【译文】

喜爱子女，应该用高尚的道德去教育他，而不能让他吸收邪恶的东西步入邪路。

【赏析】

天下没有不爱护自己子女的父母，且对子女的爱是尽己所能，感情是真实无私的，根本没有考虑要得到什么回报。在此，古人提醒所有为人父母者，对子女的无限疼爱千万不能变成盲目的溺爱，不能由于对子女的钟爱，对他们的小缺点视而不见、听而不闻。这样终究会让子女养成许多不良的习惯，使他们不能自我察觉，步入社会之后，会因小错而铸成大错，影响一生的前途。父母如果用高尚的道德去教导他，使他从小懂得为人的道理、做人的原则，明白对与错，随着时间的推移、年龄的增长，在有道德教养的环境中生活，他自然就会用良好的道德品质去待人接物、为人做事，会有利于国家、社会和他人。

亲仁善邻，国之宝也。

【注释】

选自《左传·隐公六年》。亲仁：亲近善人。善邻：友睦邻邦。

【译文】

亲近仁义的人，友睦邻邦，是国家最宝贵的方针。

【赏析】

在人与人交往中，贵和的思想非常重要。现实生活中，国与国、家与家、人与人之间的交往都需要平等互利、和平共处、融洽和睦。如果每一个国家、家庭、个人都能以仁义来善待友邦、邻里、他人，那么整个社会将会变得和谐而美丽。常言道：多一个朋友多一条路，朋友多了路好走。无论何时何地，能处处与人为善，不称王、不霸道、不自私，那么无论遇到多大的困难都会有人帮助，从而顺利地解决问题、达到目的。

度德而处之，量力而行之。

【注释】

选自《左传·隐公十一年》。度：估计，衡量。量：估量。

【译文】

忖度德行如何，以便决定自己怎样处理事情；估量自己的力量大小，从而决定该怎样行动。

【赏析】

充分考虑自己的道德涵养程度和为人处事的态度，正确认识和评价自己是人们做每件事之前的必要准备，并以此来确定自己应处的位置，决定行事方针、方法。除此之外，无论做任何事情，都要根据自己的实际能力，谨慎斟酌、量力而行，尽最大努力，收最佳效果。“量力而行”这个成语就来源于此。如今，我们依然要学习“度德而处之，量力而行之”的处事原则。

俭，德之共也；侈，恶之大也。

【注释】

选自《左传·庄公二十四年》。共：大。侈：奢侈。

【译文】

节俭是一切美德中最大的德，奢侈是一切恶行中最大的恶。

【赏析】

自古以来，中华民族就把勤劳节俭当作一项传统美德代代相传。古人从社会道德规范的高度来对待节俭，认为俭可以养德养志。俭朴的德行接近于仁爱，有助于防止奢侈腐化的行为。他们将奢侈浪费看成是一种最大的恶行，能否做到克勤克俭关系到事业的成败。历史上有许多贪图享乐、骄奢淫逸者，他们无一能逃脱败亡的下场，因骄横奢靡导致亡国的夏桀、商纣就是其中最典型的例子。

修己而不责人。

【注释】

选自《左传·闵公二年》

【译文】

努力修养自己的品德，对别人则不要求全责备。

【赏析】

发愤学习追求仁道，提高自我道德修养达到高尚的思想情操，做一个仁人君子，这是古人所追求的目标。上自君主，下至百姓，都应以养德修身为根本。修身养性，端正自己的行为，遵守社会道德规范，做好自己的本职工作，在自己的位置上做出自己的贡献。做到日日“三省吾身”，反躬自问。铭记孔子的名言：“见贤思齐焉，见不贤而内自省也。”不断完善自己的道德修养，自己的身上有缺点时，就不要去责备别人。就像《大学》中说的："君子有诸己而后求诸人。"要善于发现别人的优点，不要对他人吹毛求疵、求全责备。对他人多一分关爱，多一分帮助，以此赢得他人的敬重。

辅车相依，唇亡齿寒。

【注释】

选自《左传·僖公五年》。辅：面颊，颊骨。车：牙床骨。

【译文】

面颊和牙床骨互相依存，失去了嘴唇，牙齿就会露出来受寒。

【赏析】

比喻关系密切、利害相关的成语"唇亡齿寒"就来源于这句话。其清楚地告诉人们，在遇到有相依而存的关系的事情时，首先要用理智的态度、冷静的思维，进行客观分析，再三思考，权衡利弊，考虑因果，最后再做出果断的决定，就会将决策失误减少到最低，以避免无谓的损失。一个人如果能够将这句话的含义理解透彻，那么无论在工作还是事业上都会受益匪浅。

公家之利，知无不为，忠也。

【注释】

选自《左传·僖公九年》。公家：国家，集体。

【译文】

对国家有利的事情，知道了没有不做的，这就是忠。

【赏析】

只要是身为国家的公民，就要竭尽全力去做那些有利于国家、社会和人民的事。人不仅对自己及自己的家庭有着不可推卸的责任，更重要的是对国家、对社会、对人民都要尽己之本份，负起该负的责任。时刻将国家和人民的利益放在首位，在国家利益面前，哪怕是刀山火海也不能推辞。尽己所能，努力地尽到匹夫之责，保证让国家和人民满意。人人都应以这句话自勉，做一个无愧于国家、无愧于人民、无愧于自己的优秀国民。

华而不实，怨之所聚也；犯而聚怨，不可以定身。

【注释】

选自《左传·文公五年》。怨：怨恨。聚：聚集。犯：触犯。定身：安定自身。

【译文】

华而不实的人，会招来人们的怨恨。触犯别人而积怨于人，不能够安定自身。

【赏析】

这句话是教育人们要不断学习，修身养性、陶冶情操，培养好的道德品质。做人脚踏实地、诚恳守信，性情刚柔相济，做事沉稳有主见，和周围人同舟共济，互相勉励，共同进步。华而不实只能导致人们怨声四起，于己于人都不利，最终祸患会降临于身。

人谁无过，过而能改，善莫大焉。

【注释】

选自《左传·宣公二年》。人谁：哪个人。过：过错。

【译文】

哪个人没有犯过错误呢，有了过错能够改正，就是最大的好事。

【赏析】

古人认为，即使是圣贤也避免不了有过失，大家都是普通人，只要知错能改，明白自己的错误所在，这就是人的最大优点，仍然是能够成就一番事业的。如果有了错误，不能正确认识，更不想改正，那便是错上加错；更有甚者一意孤行，发展到不可救药的地步。所以只有在不断地自我反省中，才能保持清醒的头脑，不断求得进步。对于别人的批评和意见，要正确对待，多做自我批评，勇于改过，善于躬身自省，使自己的道德不断完善，成为一个人人敬佩的人。对于当政者而言在这方面更应严格要求自己，不要因为面子的问题怕认错，要知道“一步错，步步错”，会造成不堪设想的后果。我们今天更应以此来自勉。

民生在勤，勤则不匮。

【注释】

选自《左传·宣公十二年》。勤：辛勤地劳作。匮(kuì)：困乏，缺乏。

【译文】

人民的生计在于辛勤劳作，能辛勤劳作，生计就不会困乏。

【赏析】

勤劳作为中华民族的传统美德源远流长。人民只有用辛勤的劳作、一点一滴的汗水才能换来物质生活的富足，累累果实的收获是靠勤劳的双手耕耘所得。也只有勤劳勇敢的人才能创造丰富的物质财富，这是一个非常简单明了的道理。勤劳创造物质，勤劳创造一切。好逸恶劳，坐享其成，不想付出任何代价，或者靠歪门邪道过上富裕的生活是不可能的。只有以自己的聪明才智，奋发努力、孜孜耕耘、尽其所能、尽献其技，这样获得的衣食无忧的生活才安稳、才会长久。古人以此勉励人们在人生的道路上要勤勤恳恳，只有踏实肯干才会有收获。

举不失德，赏不失劳。

【注释】

选自《左传·宣公十二年》。失：失去，遗漏。赏：奖赏，赏赐。

【译文】

举荐人才，不要把有道德的人遗漏；赏赐爵禄，不要忘记有功劳的人。

【赏析】

“任人唯贤”和“赏不遗贱”与“举不失德，赏不失劳”有很多相似之处，都在强调唯德才是举及赏罚分明是治国安民之本。仁政德治在治国时有着举足轻重的作用，那些亲小人、远贤臣的几乎都背离了这一施政方针。所以，要选贤任能，知人善任，有了德才兼备的贤臣，政令才能顺利实行。正如《论语·为政》中说："举直错诸枉，则民服；举枉错诸直，则民不服。"因而，就要做到赏赐爵禄不能遗漏有功劳的人，更不能因为有功的人身份低贱就不赏赐；应当实事求是、赏罚公正、论功行赏，这既是激励人才为国效力的最有效办法，也是赢得人心归向、得到人民拥护的关键所在。

老有加惠，旅有施舍。

【注释】

选自《左传·宣公十二年》。加：施及。惠：仁爱，优待。施舍：给予优惠。

【译文】

对年老的人施以仁爱，对过路的旅客给予优惠的照顾。

【赏析】

中华民族自古以来就是礼仪之邦。尊老爱幼、善待老人，更是中华民族的传统美德。从治国安邦，到为人处世，无处不渗透着仁德礼仪之举。使年老的人受到尊敬和爱护，要给过路的旅人优惠的照顾，自上而下都能仁爱尊礼，人人都具有真诚之心。宽厚仁爱、广推恩惠、爱护他人，以道德感召人，才能得到别人的信任，使人心悦诚服。如果把为人之本推广到治国之道，那么社会风气就会日新月异，呈现一片祥和幸福的新气象。

怀必贪，贪必谋人，谋人，人亦谋己。

【注释】

选自《左传·宣公十四年》。怀：怀恋。贪：贪婪。谋：算计。

【译文】

怀恋安逸就必然贪婪，贪婪就必然算计别人，算计了别人，别人也会算计自己。

【赏析】

人的一生，不仅要有丰富的物质生活，更应有充实的精神食粮。一个人，通过自己的辛勤努力，奋力拼搏，在事业上有所成就时，就会陶醉在无比的快乐之中。虽然这点贡献对国家、社会来说微不足道，但是，这是对自我价值的充分肯定，会因自己做了一个对社会有用的人而骄傲和自豪。如果一个人贪图安逸，讲究物质享乐，他就会不思进取，不择手段地谋取利益，变得贪婪无比。如此下去，天长日久，离心离德，终究逃不脱“机关算尽太聪明，反算了卿卿性命”的可悲下场。这段话正是告诫人们，要发奋努力，用自己的真才实学、良好道德修养去开创幸福人生，赢得胜利。切不可贪图享乐、玩小聪明，这样的人生将是失败的人生。

失信不立。

【注释】

选自《左传·成公八年》

【译文】

不讲信用，就难以立身治国。

【赏析】

对自己言行负责是信最本质的含义，也是一个国家乃至个人要取得尊严和威信的最基本保证。诚实守信是古人所推崇的一种人格境界，要求人们言行一致，恪守承诺，诚实不欺。恪守诚信不但是一个人立身处世之根本，也是一个国家安民治国之道。当然，这里并不是指毫无原则地信守承诺，其基础是明辨是非、分清善恶。不要做一些有害人民、社会、国家或他人的坏事，要守信、讲义气，要挺身而出，阻止可能发生的坏事，做一个不愧于社会、不愧于他人，有良好道德品质修养的人。我们今人，也应牢记“失信不立”这一信条。

居安思危，思则有备，有备无患。

【注释】

选自《左传·襄公十一年》。

【译文】

处于安乐的环境中要保持警惕，要想到可能出现的危险，想到了就有防备，有了准备就会免遭祸患。

【赏析】

这句话就是成语“居安思危”、“有备无患”的出处。它告诫人们，处在平安的环境里，不要因生活的安逸、社会的稳定便高枕无忧、忘乎所以，以致思想上大意，意志力削弱，一旦有祸患发生，那就会手忙脚乱，毫无应对之策，只剩下吞食苦果的选择。所以，无论处于何种境地都要时刻提高警惕，保持清醒的头脑，预料可能出现的各种情况，做好充分的防范准备。思想上有了忧患意识，即使真的到了危险时刻，都能化险为夷，避免祸患的发生。一个国家，一个民族，乃至每个人，更应有忧患意识，做好防范，这样才能永保平安。

慎始而敬终，终以不困。

【注释】

选自《左传·襄公二十五年》。慎：谨慎，慎重。敬：戒慎。困：困窘。

【译文】

谨慎开始而戒慎结束，结果就不会困窘。

【赏析】

这句话说明做事情的开始和结束都很谨慎，结局就不会困窘，告诫人们如果想成就一番事业，从开始到结束就必须保持一颗谨慎之心，这样结局才会圆满。正像人们常说的“成功的开始是取得胜利的一半”，但这并不意味着就有成功的结局，只有自始至终，一丝不苟，谨慎小心，持之以恒，才能取得尽善尽美的结果。否则，就会功亏一篑、半途而废，最后导致有始无终、功败垂成。如今，我们仍应牢记古人这句警世名言，时刻提醒自己。

弈者举棋不定，不胜其耦。

【注释】

选自《左传·襄公二十五年》。弈：下棋。耦：指下棋的对方。

【译文】

下棋的人如果拿着棋子主意不定，就不能战胜对方。

【赏析】

志向远大和远见卓识是成就一番事业的重要因素。在人生的旅途上，只要瞅准目标，在符合社会道德准则的前提下，就要当机立断，把握时机，果断决策，朝着既定目标不屈不挠、勇往直前。这句话就是要让人们从对弈中感悟人生事业。如果下棋的人拿着棋子优柔寡断、举棋不定，那么这局棋必输无疑。首先是他自己打败了自己，其次是对方不战而胜。做事如同下棋，千万不可瞻前顾后，犹豫不决，怀疑自己，这样就会错失良机，白白浪费一次成功的机会，造成失败的后果。为此，人们在做事之前一定要有自信，该行动时便行动，这样才能一举成功。

君子有远虑，小人从迩。

【注释】

选自《左传·襄公二十八年》。迩（ěr）：近。从迩：只看眼前。

【译文】

君子能深谋远虑，小人的目光只放在眼前。

【赏析】

君子、小人的修养和追求是不同的。本句用对比的手法，阐述君子与小人在道德品质和行为上的截然不同，以小人的缺乏远见，来显示君子的崇高人格。君子将高尚的道德情操付诸美好的实际行动，并通达事理，志向高远，深思远谋，自强不息，不懈怠、不放弃，一心为自己的道德信仰而努力。而小人则恰恰相反，目光短浅，只看到眼前利益，缺乏的正是君子所具备的高瞻远瞩的气度，自私自利，追求财利，为了物欲背弃原则，背叛朋友亲人。所以说，小人的思想境界只会渐低。因此，古人勉励人们做人要以君子的人格为榜样，加强自我修养，以此来提高道德水准，达到更高的境界。

我闻忠善以损怨，不闻作威以防怨。

【注释】

选自《左传·襄公三十一年》。损怨：减少怨恨，消除怨恨。

【译文】

我听说过用忠善来减少怨恨，没听说过用威势来防止怨恨。

【赏析】

与人为善是最基本的道德原则。古人一再强调，积德成善是加强道德修养的有效途径。择善而行，践行“仁德”，善待他人，问题都不在于是否有能力，而是自己是否有善良的愿望和友善的态度。只有发自内心深处的仁爱，才会促使人们为仁向善，否则，那只是虚伪的装饰。高尚的道德修养用美好的实际行动去实践忠善，必然会起到减少怨恨的作用，获得人人敬佩拥护的效果。如果想以威势来防止怨恨，只会是表面被征服，实际上会怨声载道，甚至在压迫益深的情况下爆发强烈的反抗，导致那些作威者的灭亡。古往今来，都是这个道理。

不义而强，其毙必速。

【注释】

选自《左传·昭公元年》。毙：倒下去。

【译文】

用不符合道义的手段强大起来，他的灭亡一定也会很迅速。

【赏析】

胜利，也可以靠不道义、不光明的手段来获取，但这种胜利是不会长久的，因为它毫无支持的基础。国与国之间，国与人民之间，人与人之间，人们自己的所为，都是一个道理。国家的立足之本是要以德治国，发展经济，强国富民，这样才会得到人民的支持，才能抵御外敌的入侵，才能长久立于不败之地。每个人为人处世的根本在于修养道德，学习知识，增长才干，用自己的智慧和汗水去开创、成就事业，为国家、为社会尽自己的绵薄之力。只有这样，人生事业才会蒸蒸日上。反之，即便是通过武力或不光明正大的手段得到一时的胜利，也终将会是昙花一现。古往今来，无数事例都证实了人心必须用道德而非强制力来征服的道理。

临患不忘国，忠也。

【注释】

选自《左传·昭公元年》。患：祸患。

【译文】

面临祸患而不忘记国家，这是忠心。

【赏析】

作为一国之臣，在面临祸患之时，依然保持着一颗爱国之心。到了危难时刻，诚实讲信，尽己本分，忠于职守。为了国家利益，将自己生死安危置之度外。能做到以上几点，就达到了较高的思想境界，具备了良好的道德修养。其实，这应该成为每一个人的行为准则。西汉时期，汉武帝派使臣苏武出使匈奴，但苏武被反复无常的单于扣压。单于多方威胁诱降，又把他迁到北海边牧羊。他在匈奴度过了十九年异常艰苦的岁月，仍然坚强不屈，没有变节投敌。等到返回长安，已是须发全白，但他的精神依然鼓舞着古往今来的仁人志士们，他的事迹也向我们诠释了本句话的含义。

经典国学口袋书

55-7 【墨迹】册 局部 [清] 王翚 中国台北故宫博物院藏

55－7　【墨迹】册 局部［清］王翚　中国台北故宫博物院藏